そして、奇跡は起こった！

エンデュアランス号漂流記
シャクルトン隊、全員生還

ジェニファー・アームストロング著
灰島かり訳

評論社

SHIPWRECK AT THE BOTTOM OF THE WORLD
THE EXTRAORDINARY TRUE STORY OF SHACKLETON AND THE ENDURANCE
by
JENNIFER ARMSTRONG

探検に科学的な調査・発見を求めるならスコット。
スピードと効率を求めるならアムンセン。
しかし、災難に見舞われ、絶体絶命の危機におちいったときには、
ひざまずいて、シャクルトンが来てくれるよう祈れ。

——アプスレイ・チェリー＝ガラード（極地探検家・一九二二年）

目次

装幀・川島進(スタジオ・ギブ)/図版・加藤博夫(ログテック)

大英帝国南極横断探検隊のメンバー

サー・アーネスト・シャクルトン――隊長
フランク・ワイルド――副隊長
フランク・ワースリー――エンデュアランス号船長
ヒューバート・ハドソン――航海長
ライオネル・グリーンストリート――一等航海士
トマス・クリーン――二等航海士
アルフレッド・チーザム――三等航海士
ルイス・リッキンソン――一等機関士
A・J・カー――二等機関士
ドクター・ジェイムズ・マッキルロイ――船医
ドクター・アレキサンダー・マクリン――船医
ロバート・クラーク――生物学者
レナード・ハッセー――気象学者
ジェイムズ・ワーディ――地質学者

レジナルド・ジェイムズ――物理学者
ジョージ・マーストン――画家
トマス・オーデリー――モーター技師
フランク・ハーレー――カメラマン
ハリー・マクニーシュ――船大工
チャールズ・グリーン――料理人
パーシー・ブラックボロ――密航者、のちに料理手伝い
ジョン・ヴィンセント――甲板員
ティモシー・マッカーシー――甲板員
ウォルター・ハウ――甲板員
ウィリアム・ベークウェル――甲板員
トマス・マクロード――甲板員
ウィリアム・スティーヴンソン――機関員
アーネスト・ホルネス――機関員

ホルネス　ベークウェル

スティーブンソン　ハウ

マクニーシュ　ジェイムズ　ワイルド　ワースリー　ハドソン　グリーン

チーザム　クリーン　ハッセー　グリーンストリート　シャクルトン　グーチ　リッキンソン　ハーレー

クラーク　ワーディ　マクリン　マーストン　マッキルロイ

南へ航海中の探検隊のメンバー。この写真にはブラックボロ、カー、マッカーシー、マクロード、オーデリー、ヴィンセントは写っていない。

シャクルトンの隣に座っているダニエル・グーチは、サウスジョージアで船を去った。

エンデュアランス号

●エンデュアランス号の図面。ノルウェーで建造。船長約44メートル、船幅約7.6メートル。
甲板《デッキ》は次の４つ。船橋甲板《ブリッジ・デッキ》…ここで船の針路をとる。

主甲板…談話室と航海士の船室などがある。下甲板…エンジンルームと乗組員の部屋などがある。

船倉…石炭、飲料水、食糧が貯蔵されている。

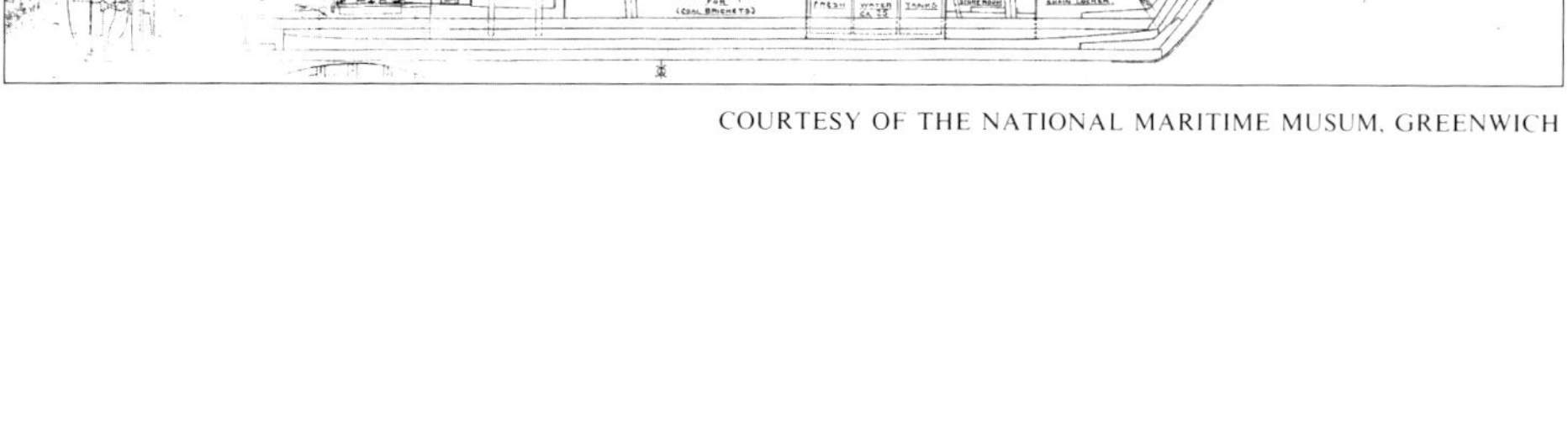

COURTESY OF THE NATIONAL MARITIME MUSUM, GREENWICH

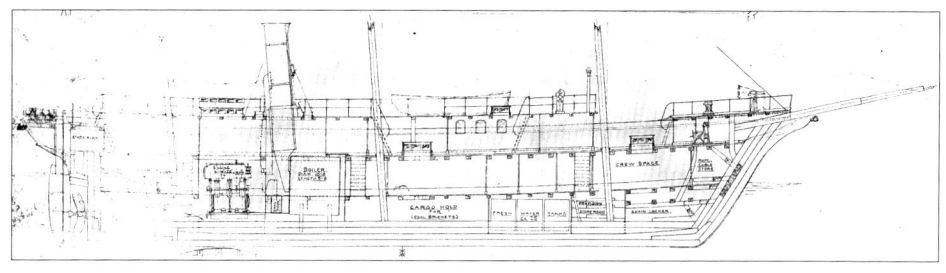

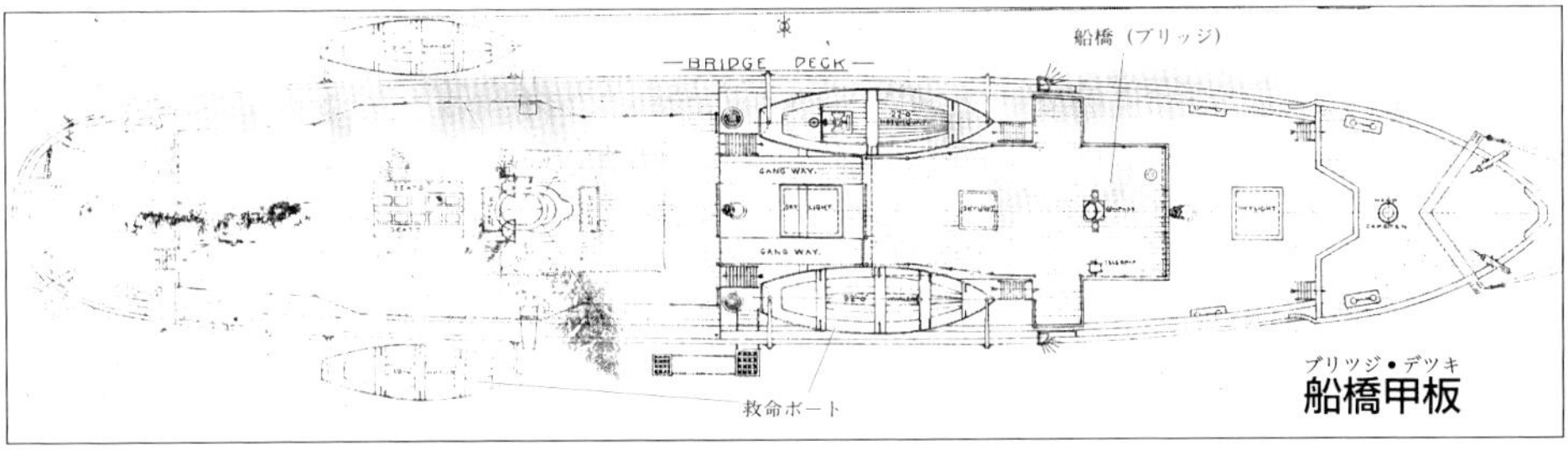
BRIDGE DECK
船橋（ブリッジ）
GANG WAY.
SKY LIGHT
GANG WAY.
救命ボート
船橋甲板《ブリッジ・デツキ》

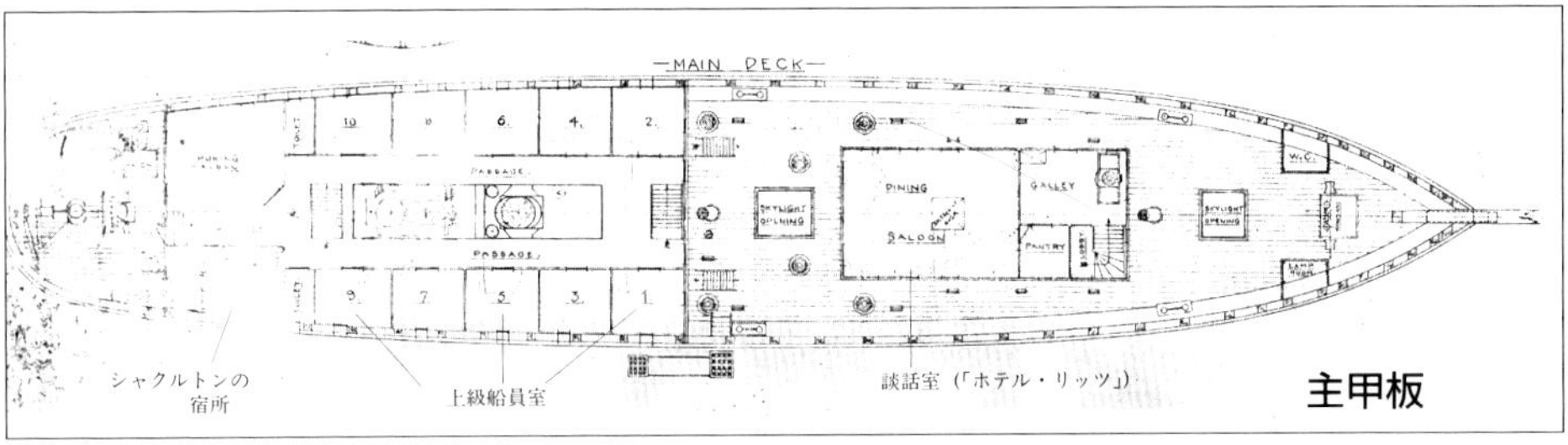
MAIN DECK
PASSAGE
PASSAGE
DINING
SALOON
GALLEY
PANTRY
SKYLIGHT OPENING
SKYLIGHT OPENING
シャクルトンの
宿所
上級船員室
談話室（「ホテル・リッツ」）
主甲板

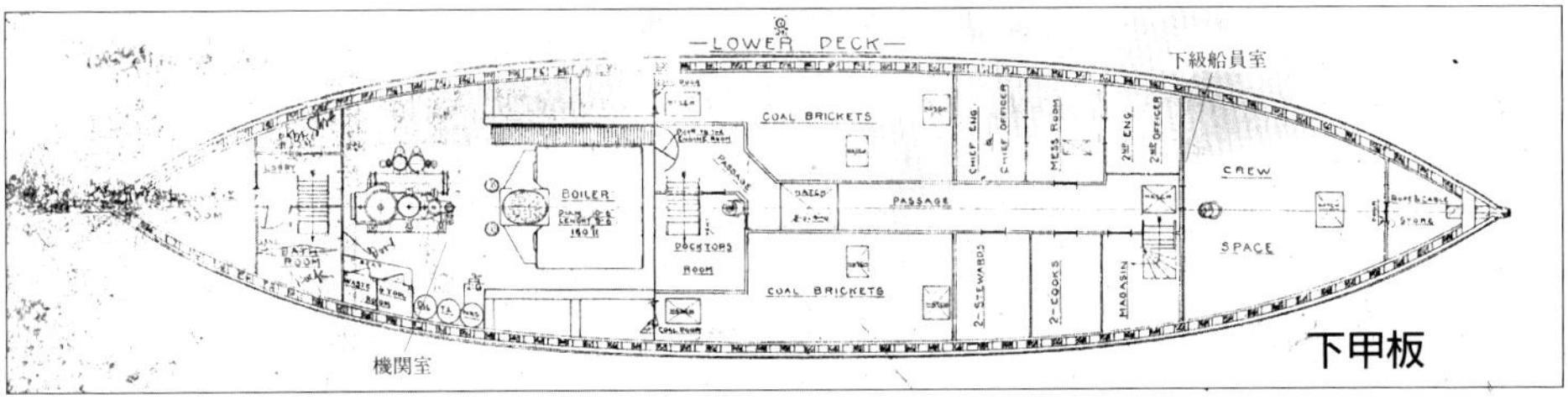
LOWER DECK
下級船員室
COAL BRICKETS
CHIEF ENG. & CHIEF OFFICER
MESS ROOM
2ND ENG
2ND OFFICER
CREW
SPACE
BOILER
PASSAGE
DOCKTORS ROOM
COAL BRICKETS
2-STEWARDS
2-COOKS
MAGASIN
BATH ROOM
機関室
下甲板

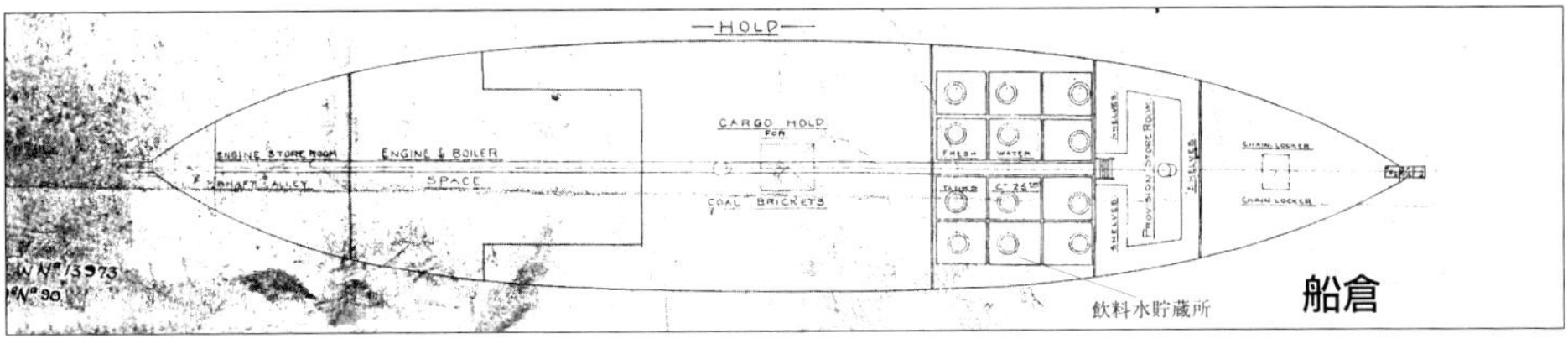
HOLD
ENGINE STORE ROOM
SHAFT ALLEY
ENGINE & BOILER
SPACE
CARGO HOLD
FOR
COAL BRICKETS
FRESH WATER
PROVISION STORE ROOM
CHAIN LOCKER
CHAIN LOCKER
飲料水貯蔵所
船倉

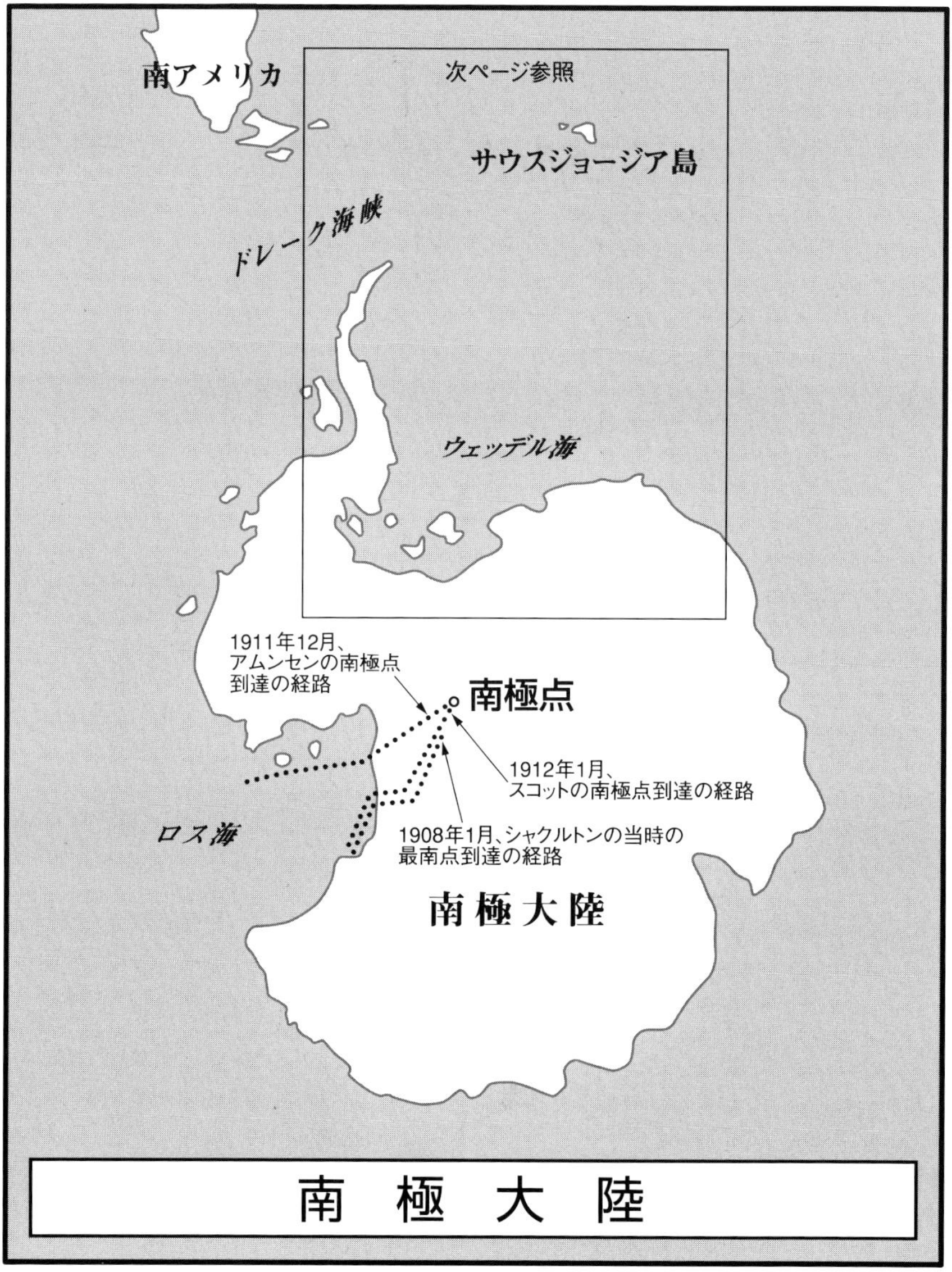
南アメリカ
次ページ参照
サウスジョージア島
ドレーク海峡
ウェッデル海
1911年12月、
アムンセンの南極点
到達の経路
南極点
1912年1月、
スコットの南極点到達の経路
ロス海
1908年1月、シャクルトンの当時の
最南点到達の経路
南極大陸

南　極　大　陸

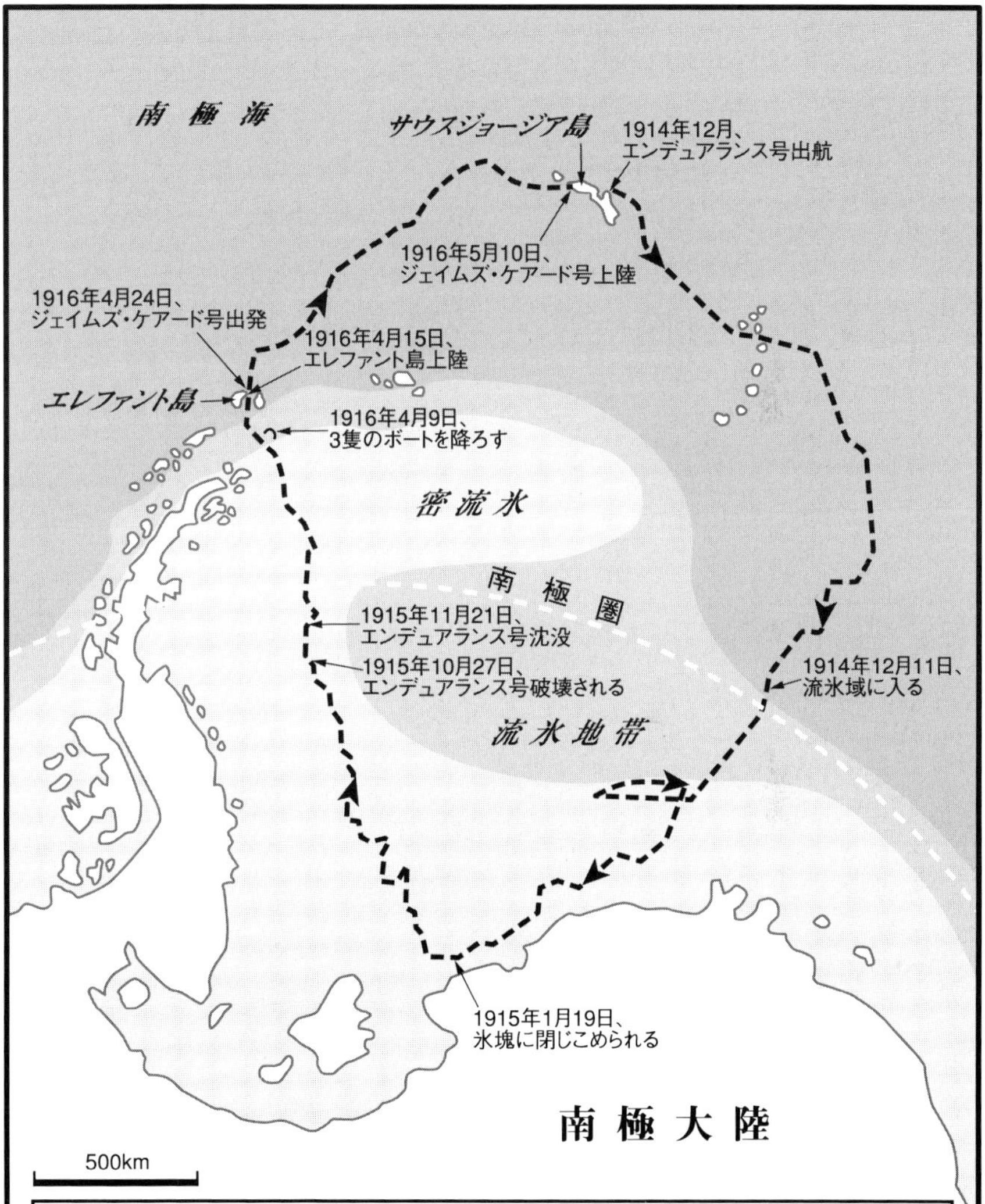

1914〜1916年 エンデュアランス号の航海

本書は、たくさんの人々、さまざまな施設が手を貸してくださったおかげで完成させることができた。なかでも、英国ケンブリッジにあるスコット極地研究所のロバート・ヘッドランド博士と、シャーリー・ソーテル、フィリッパ・フォグのお二人からは、最大の援助をいただいた。研究所の所有する、エンデュアランス号に関する貴重な文献や記録をこころよく見せていただいたおかげで、どれほど助かったか、言葉につくせない。長いことこの探検について調査したあとで、ワースリーの貴重な航海日誌や、フランク・ハーレーの写真の原版に直接ふれることができたことは、本当に心おどる体験だった。

なお、この本の写真は、すべてハーレーの写真の複製であり、スコット極地研究所の許可のもとに掲載されている。

――ジェニファー・アームストロング

そして、奇跡は起こった！

——シャクルトン隊、全員生還

想像してほしい

ほんの少しのあいだ、目を閉じて、地球上で最も過酷《かこく》な場所を思い浮かべてほしい。

地球上で最も過酷な場所、そこはいったいどこだろう？
灼熱《しゃくねつ》のサハラ砂漠？　それとも極寒《ごっかん》の北極？　いや、どちらでもない。地球上で最も過酷なところ、それは南極だ。

では、北極と南極はどう違うのか？　北極はほとんどが海で、もちろん表面に氷が浮かんではいるが、氷の厚さが三メートルを越えるところは少ない。だが南極は、氷の下に大陸がある。大陸の上の氷は解けないために、その厚さは、最も厚いところでは三キロメートルに達する。三メートルと三キロメートル、この差は大きい。

南極大陸をすっぽりとおおった、この氷の莫大《ばくだい》な量と重さは、人間の想像を超《こ》えている。重みに耐えかねて、大陸全体が押しつぶされ、形が変わっているほどだ。また、この氷はすさまじい嵐や風の原因となり、地球全体の天候に影響を与えている。

地球全体、つまり、あなたの住んでいる場所の天候も、南極の氷の影響を受けている。でも、氷の影響を最も大きく受けるのは、当然、南極自体の天候だ。気温は冬ともなれば、マイナス七十度を切る。そして地球上で最も強い風が吹く。冷たい空気が巨大なかたまりとなって氷河をすべり降り、ついには秒速九十メートルもの大暴風となる。また、南極大陸を取りまく海は、冬がくると毎分五十平方キロというすさまじいスピードで凍り始め、ついにはアメリカ合衆国の約二倍近い広さの海が凍結する。月にでも行かないかぎり、これ以上過酷な環境はない。

さて、もう一度、想像してほしい。そんな場所であなたが遭難《そうなん》したとしたら、どうだろう？

一九一五年、英国探検隊員二十八名が、南極大陸で遭難した。船は沈没し、外界と連絡をとる手段はいっさいなかった。

そして一年半後、彼らは一人残らず生還した。

大英帝国南極横断探検隊

アーネスト・ヘンリー・シャクルトンは、南極の天候を知りつくしていた。

一九〇八年のこと、シャクルトンは世界初の南極点制覇《せいは》を目指して、南極大陸を進んでいた。しかし、目指す南極点まであと一息というところで、悪天候に見舞われ、食糧がつきた。

そのまま進めば南極点に到達することは可能だった。しかし、そこから生還することは不可能だ。シャクルトンは、涙を飲んで引き返すことにした。その場所は、南極点から約百六十キロの地点。南極点制覇こそならなかったが、それでも当時、これほど南極点に近づいた人間はいなかった。

シャクルトンは英国に帰ると、南進の新記録を打ちたてた名誉を称《たた》えられ、*ナイトの称号を受けた。シャクルトンの探検家としての名声は世界じゅうにひびきわたり、人々は争うようにして、彼が出版した南の果てへの探検記を読んだ。今やシャクルトンは、母国の英雄であり、名士であった。

しかし、シャクルトンの心は満たされなかった。何としても南極にもどり、

ナイト　イギリスで、王室や国家に対して功労のあった人に与えられる爵位《しゃくい》。「サー」の称号をつけて、「サー・アーネスト・ヘンリー・シャクルトン」のように呼ばれる。

今度こそ南極点に到達したいという情熱にとりつかれていたのだ。オオカミが野生を求めるように、シャクルトンは未知の大陸、南極を求めていた。

さて、これほどシャクルトンの心をとらえた南極大陸とは、いったいどんなところだったのか。一言でいえば、氷と霧に包まれた大きな謎《なぞ》、そのものだった。十九世紀になって南極大陸が発見されるまで、南の果てには、陸地があるかどうかさえ不明だった。

とはいえ、南極大陸はずっと凍った霧でかくされていたわけではない。命にあふれた夏の時代もあった。一億六千万年前という太古の昔、南極大陸はゴンドワナ大陸の一部だった。ゴンドワナは当時存在した巨大大陸で、南アメリカ、アフリカ、オーストラリアをふくんでいた。*ジュラ紀には、亜熱帯気候のもとで、飛べない巨鳥やサメや淡水魚《たんすいぎょ》、カタツムリ、甲虫、爬虫類《はちゅうるい》、そして原始的な*有袋《ゆうたい》動物などが生息していた。南極大陸で発見された化石は、そんな生き物が巨大なシダや木々の下でさかんに動きまわっていたことを証明している。

しかし、この巨大大陸はやがて分裂した。そして六千万年前に南極大陸は南へ移動し、現在の位置、つまり南極点の上におさまった。そして、そのあとの二千万年のあいだに、大陸は氷におおわれ、多くの生き物にとって、生息するには過酷《かこく》すぎる環境となってしまった。

ジュラ紀　地質時代の呼び名のひとつで、今から約二億一千万年前〜一億四千万年前の期間を指す。

有袋《ゆうたい》動物　生まれた子を、生後しばらくのあいだ、母親の下腹部にある袋状の育児嚢《のう》で育てる動物。よく知られているのは、オーストラリアのカンガルーやコアラ。

現在まで一度も氷におおわれることがなかったのは、南極大陸のわずか一パーセントだけである。この露出した地面も、大方《おおかた》の生物が生存するには寒すぎるし、乾燥しすぎている。降雨量、降雪量合わせて年間たった五十ミリ。これは、オーストラリア内陸の砂漠地帯なみの乾燥だ。莫大《ばくだい》な量の氷をかかえているために、つい湿った土地と思いがちだが、実は南極大陸は、地球上で最も乾燥した場所なのだ。一言でいうなら、凍りついた砂漠である。

そして、信じられないほどの風。とりわけすさまじい暴風地帯となるのは、氷の重石《おもし》が生み出す冷気団が、海洋からの暖かい風とぶつかるところだ。そのせいで、南極海は世界で最も危険な海である。南緯四十度から南緯六十七度までの海域に対して、昔、船乗りたちがつけたあだ名がある。

わめく四十度、どなり狂う五十度、絶叫する六十度……。

この名高い荒海で、数知れぬ船が姿を消し、数知れぬ船乗りたちが命を落とした。

危険な海は、まるで南極を人間の進出から守ろうとでもいうかのように、大陸のまわりをぐるりと取りまいている。しかし一七七三年に、有名な英国人船長、*キャプテン・クックが、それまでの記録を破って最も南まで船を進めた。彼は浮氷《ふひょう》を縫《ぬ》うようにして、ゆっくり、慎重に南進し、南緯七十一度に到達したが、陸地を見ることなく引き返した。そして一八二〇年、*ファビアン・ベリ

キャプテン・クック　ジェームズ・クック。一七二八年〜一七七九年。イギリスの探検家。第一次航海でオーストラリアやニュージーランドの海岸部を探検し、第二次航海で当時の最南地点に達した。なお、第三次航海では北太平洋のベーリング海峡に至ったが、越年のため寄港《きこう》したハワイ島で原住民の襲撃にあい、不慮《ふりょ》の死をとげている。

ファビアン・ベリングスハウゼン　一七七八年〜一八五二年。ロシア海軍軍人で探検家。アレクサンドル一世の命を受けて、南極地方を探検。

「ボス」。大英帝国南極横断探検隊隊長、サー・アーネスト・ヘンリー・シャクルトン。
エンデュアランス号での南極探検は、彼にとって3回めの南極探検である。

ングスハウゼンの指揮するロシアの海軍船が、初めて南極大陸を目撃し、大陸のまわりを一周した。その二十年後、今度は英国のジェームズ・ロス*が浮氷群の中を切りさくように進んで、陸地に到達した。こうして十九世紀が終わりに近づくにつれ、地図に描かれる大陸の範囲は広がっていった。その見返りとして、多くの船と乗組員の命を犠牲にしたのではあるが……。

　二十世紀になるまでに、大陸の外周は、海図にかなり正確に描かれるようになった。とはいえ、その内部はまだまったく未知の、氷に閉ざされた土地だった。

　二十世紀になると、人々の目は南極大陸内部に向けられるようになり、南極点を目指す国際レースが始まった。シャクルトンはこのレースに参加し、南極点一番乗りの栄誉を勝ちとりたいと願ったわけだが、結局、望みはかなえられなかった。二人の探検家、アムンセンとスコットに先を越されたのだ。

　二人のうち「世界初」の栄冠を手にしたのは、ノルウェーの探検家、ローアル・アムンセン*。一九一一年十二月十四日、南極点にノルウェー国旗を立てることに成功した。そして翌年一月十七日、わずかに一ヵ月と数日遅れて、イギリスのロバート・F・スコット*大佐も南極点に到達した。

　苦難の果てによろめくようにしてたどりついたスコットは、南極点にノルウ

ジェームズ・ロス　一八〇〇年〜一八六二年。イギリスの極地探検家。南極に向かう前に四度の北極探検も行っている。南極のロス海やロス島は彼の名にちなんでいる。

ローアル・アムンセン　英語読みではロアルド・アムンゼン。一八七二年〜一九二八年。ノルウェーの極地探検家。史上初の南極点制覇《せいは》を果たしたあと、アメリカ人エルズワースとともに北極横断飛行にも成功している。

ロバート・F・スコット　一八六八年〜一九一二年。イギリス海軍軍人で南極探検家。南極点に達する前にも、ロス海や大陸内部のすぐれた科学的調査を行っている。

ェー国旗がひるがえっているのを見て、ぼうぜんとした。日記に次のように記している。「神に誓って言うが、ここは恐ろしい場所だ。せめて世界初という栄誉を手にするのでなかったら、あまりにも恐ろしすぎる」。そしてスコット隊は、基地に引き返す途中で遭難《そうなん》し、五人全員が命を落とした。南極探検史に残る大きな悲劇である。

すぐれた知性と勇気で国民の尊敬を集めていたスコット大佐の死は、イギリスじゅうを深い悲しみにおとしいれた。しかも、イギリスは偉大な人物を失ったうえに、北極点をアメリカ人ピアリー*に制覇され、今また南極点でもノルウェーに先を越されてしまった。

慟哭《どうこく》と失望と……。イギリスをおおったこの暗雲は、シャクルトンのものでもあった。いや、シャクルトンの受けた衝撃は誰よりも深かったに違いない。スコットはシャクルトンにとって、英雄であり先輩であり、何よりも南極を愛する仲間だった。しかし、とシャクルトンは考えた。南極にはなお、約千四百万平方キロメートルもの未踏《みとう》の地があるではないか。ヨーロッパ大陸全体より二十五パーセントも広い土地だ。

シャクルトンは、新しい目標を立てることにした。南極点が制覇されたというなら、よろしい、それではもっと大がかりな、もっと剛胆《ごうたん》な探検を試みよう。シャクルトンは大胆にも、南極大陸を端から端まで横断するという計画を立て

ピアリー　ロバート・E・ピアリー。一八五六年〜一九二〇年。アメリカ海軍軍人で北極探検家。一九〇九年、八度めの北極行きで史上初めて北極点に到達した。

た。成功すれば、もちろん世界初の快挙となる。南極大陸の広大さを考えれば、確かに、挑戦のしがいはあった。

一九一三年十二月二十九日、ロンドンのタイムズの紙面を華々しい記事が飾った。

「サー・アーネスト・シャクルトンは、来年新たな探検隊を率いて南極を目指す。本紙はこのニュースを発表できることを誇りとするものである。未知の世界のベールをはぎとろうという企《くわだ》ては、必ずや世界じゅうを興奮でわきたたせるに違いない」

王立地理学協会*会長のカーゾン卿《きょう》は、シャクルトンを支持する人々の気持ちを次のように述べている。

「南極大陸横断は傑出《けっしゅつ》した計画であり、わが大英帝国が引き受けるにふさわしい、栄光ある任務である。そしてスコット大佐亡《な》きあと、この任務に似つかわしい人物は、シャクルトンをおいてほかにない。訓練、経験、信望、このどの点においても、シャクルトンの右に出る者があろうか。彼ならば、成功の栄誉を勝ちとること疑いなし」

熱烈な応援である。もっとも、たとえこんなに熱心な支持がなかったとしても、シャクルトンはもう一度南極に行っただろう。なぜなら、南極大陸それ自体が、寝てもさめても、まるで磁石のように彼を引きつけてやまないのだ。「私

王立地理学協会　主に講演や雑誌を通して、地理学上の知識を広めることを目的としたイギリスの組織。リビングストンのアフリカ探検、スコットやシャクルトンの南極探検、ヒラリーのエベレスト登頂探検など、さまざまな冒険や探検を支援した。

は探検することができるが、ほかにとりえはない」と、妻のエミリーあての手紙に書いている。南極への情熱は、彼の心の中の深いところに、がっしりと根を下ろしていた。

シャクルトンはアイルランド生まれで、このとき四十歳。

子供のころは一人ぼっちでいることが多く、冒険物語を読んでは、輝かしい成功を夢見る少年だった。十六歳で商船の乗組員となり、最初の航海で冬のホーン岬をめぐった。これが生まれて初めての南極海の体験となった。一九〇〇年、二十六歳のときには商船での地位も順調に上がり、郵便物や積み荷を運搬して、大英帝国の海をまわっていた。しかし、シャクルトンの胸にはうずくものがあった。こんな決まりきった航海を続けていてどうなるというのだ？　自分は商船をあやつることに一生をかけるのだろうか？

悩んだあげく、シャクルトンは、ロンドンの英国南極探検隊の事務局を訪れた。当時、国民的関心事だった地球の果て、南極の探検に、自分を賭《か》けてみようと考えたのだ。ここでシャクルトンは、自分を売りこむことに成功した。海での長年の経験は当然役に立ったが、一言でいえば、粘り勝ちだ。晴れて一九〇一年、スコット大佐を隊長とするディスカバリー号に、下級航海士として乗りこんだ。これが、シャクルトンの南極探検の第一歩である。

ここから先はもう、迷いもとまどいもなかった。シャクルトンは本当に自分を生かせる場所を見つけたのだ。ディスカバリー号による初めての探検から帰国したのち、今度は自分自身が隊長となって、南極探検に向かった。これが一九〇八年の、南極点まであと一息というところまで迫った探検である。

そして一九一四年、シャクルトンにとっては三度めの南極行きの計画が、ついに実現の運びとなった。大がかりな探検には莫大な資金が必要だが、シャクルトンはそれを調達できるだけの名声を手にしていた。しかも、その名声を利用する才覚もあった。金持ちの後援者をくどき、一般国民からの寄付をつのり、映像や写真の著作権の前払いも集めた。探検に加わることになったオーストラリア人の優秀なカメラマン、フランク・ハーレーの評判を利用して、探検の記録映像を配給する映画会社までつくり上げた。そのうえ、探検が成功したあとに出版することを考えて、全隊員の日記の出版権も保有した。

こうして苦心を重ねて集めた資金で、シャクルトンは極地用の船を専門とするノルウェーの会社から、三本マストの*バーケンティン型の木造帆船《はんせん》を購入し、必要な装備を整えた。木製の船体は分厚く、頑丈《がんじょう》で、極地の浮氷群をかき分けて進むよう特別に設計されていた。場所によっては船板の厚さは一メートル二十センチもあったが、しかし極地の氷圧に耐えられるだけの柔軟性も備えていた。石炭を動力とする補助エンジンがついていて、九～十ノットで汽走《きそう》するこ

バーケンティン型　三本マスト以上の帆船《はんせん》の呼称。前方のマストに横帆、残りの二本のマストに縦帆《ほ》を張り、帆走性能が高く、少人数であやつれる特徴を持つ。エンデュアランス号は、ノルウェーのフラムネス造船所で建造された。

ともできた。

船には『ポラリス（北極星）号』という名前がついていたが、この名前は南極探検にはふさわしくない。シャクルトンは、自分で新しい名前を考えた。『エンデュアランス（不屈の忍耐）号』。シャクルトン家に代々続く家訓《かくん》、「エンデュアランス（不屈の忍耐）にて我らは困難を克服す」にちなんだのだった。

さて、南極横断探検隊の資金集めに苦労したシャクルトンだが、隊員集めにも苦労しただろうか？

とんでもない！　探検隊のニュース*が発表されたとたん、五千人もの参加志望者がロンドンのニュー・バーリントン・ストリートにある事務局に押し寄せた。参加志望の手紙が世界じゅうから舞いこみ、なかには女性や十五歳の少年からのものまであった。その数たるやたいへんなもので、郵便のあて名を「ロンドン、シャクルトン様」と書くだけで、間違いなく配達されるほどだった。

志願者の洪水のなかから、シャクルトンは隊員を選んでいった。何人かはおなじみの顔ぶれだった。まずは副隊長、フランク・ワイルド。シャクルトンの前二回の南極への旅に同行しており、これまでに合計六年間を南極大陸で過ごし、そりで走った距離は八千キロを越える。それからトム・クリーン。この男はシャクルトンと同じアイルランド出身で、頼りになる船乗りだ。シャクルトンと南極へ同行したことがあり、純白の大英帝国南極勲章を誇らしげに上着に

探検隊のニュース　シャクルトンは、探検隊員を募集するために、ロンドンの新聞に次のような広告を出したといわれる。「冒険に行きたい男子を求む。収入少。極寒《ごっかん》。まったく太陽を見ない日々が数ヵ月続く。危険が多く、生還の保証はない。成功した場合にのみ、名誉と賞賛を得る」。

つけていた（クリーンは、スコット隊長の最後の探検にも参加した。遭難したスコットの遺体を半年後に発見したのは、このクリーンである）。探検隊つきの画家ジョージ・マーストンも、シャクルトンと南極行きをともにしていた。

二十四歳のカメラマン、フランク・ハーレーは、ダグラス・モーソンという探検家と南極へ行ったことがあった。ハーレーは名の売れたカメラマンで、多額の前払いを引き出せたので、欠かすことのできないメンバーだった。アルフレッド・チーザムも、クリーンと同じく、かつてスコット隊の隊員だった。一方、船長に決まったフランク・ワースリーは、新顔だ。マオリ族*の血が混じったニュージーランド人で、十六歳のときから船乗りひとすじ。この探検に参加する以前は、商船の航海士をしていた。

あとは、北海*の厳しい天候に慣れた熟練した船員たち、航海士たち、医者が二人、大学の科学者が五人、そして船大工と料理人が一人ずつだった。給料は、船員が年俸《ねんぽう》五十ポンド、科学者は年俸百五十ポンドで、これは当時としても高給とはいえない。

隊員のなかには、北極か南極に行ったことがある者もいれば、イギリス国内から一歩も出たことがなく、まさか南極大陸へ行くなどとは夢にも思わなかったという者もいた。しかし、北海のトロール船の漁師であれケンブリッジ大学の名士であれ、経歴にかかわらず共通しているものがひとつあった。冒険への

マオリ族　ニュージーランドの先住民。十二世紀頃から住んでいたといわれる。

北海　ヨーロッパ大陸、スカンジナビア半島、イギリス諸島の間にある浅い海。

シャクルトン隊の主要メンバー：（上左）副隊長フランク・ワイルド
（上右）二等航海士トム・クリーン（探検中に生まれたそり犬の子数匹と）
（下左）探検写真家フランク・ハーレー
（下右）エンデュアランス号船長フランク・ワースリー

期待である。さあ、これから一世一代の冒険が始まるぞ、と全員が期待で胸を高鳴らせていたのだ。

　こうしてエンデュアランス号の乗組員がそろった。そして船倉《せんそう》には、少なく見積もっても二年分の食糧がたくわえられた。食料品の目玉は、ボブリル社の濃縮食品だった。これは、犬ぞりで行く南極大陸横断の旅用に開発された新製品で、ワースリー船長は次のように解説している。「ラード、オートミール、牛肉のタンパク質、植物性タンパク質、塩、砂糖でできている。身体が温まるし、栄養豊富で、壊血病《かいけつびょう》を予防してくれる貴重な新製品だ。一人分が二百グラムのかたまりとなっていて、できたてのチーズのような固さ。色は黄土色だが、水といっしょに煮ると、濃いえんどう豆スープみたいになる」。

　これまでの長い航海で必ず問題となったのが、ビタミンCの不足から起こる壊血病だった。南極点からの帰途、スコット大佐が遭難死したのも、ひとつには壊血病にかかっていたためだといわれる。シャクルトンは何とかこの病気を防ぐ手立てはないかと考え、英国陸軍の栄養学者に相談をもちかけた。この学者は、ビタミンが重要な働きをするという当時最新の学説の信奉者《しんぽうしゃ》で、この新学説に基づいてつくられたのが、ボブリル社の濃縮食品というわけだ。かたまりひとつが二千八百六十四カロリー。ひとつひとつパラフィン紙で包まれ、ブリキの箱におさめられ、船倉にびっしりと積みこまれた。

　このほかに、粉ミルク、ココア、砂糖、紅茶、ポテト、タバコ、肉や野菜の缶詰《かんづめ》、アルコール飲料、小麦粉、さらに、ありとあらゆる基本食糧と嗜好品《しこうひん》が積まれた。腹がへっては戦《いくさ》はできぬ、というのがシャクルトンの信条で、食糧には金を惜《お》しまなかった。

　そのほか、船に積まれていたのは、石炭、ライフル、弾薬、科学実験用具、無線機一台、ゲーム類、本、航海用海図、手提《てさ》げランプ、生きたアザラシやペンギンを持ち帰るための水槽《すいそう》や檻《おり》、救命ボート三隻《せき》、小型の上陸用ボート一隻、小型のビリヤード台、タイプライター、寝袋、テント、マッチ、越冬《えっとう》小屋を建てるための材木、自転車一台、プロペラつきの動力そり一台、犬ぞり、蓄音機《ちくおんき》二台、スキー板、ミシン一台、ホッケー用スケート靴、サッカーボール、気象学者のバンジョー、それから船大工の飼い猫の〝ミセス・チピー〟もいた。

　大英帝国南極横断探検隊の計画は次のようなものだった。

　エンデュアランス号は、南アメリカからウェッデル海へと航海する。ウェッデル海は南極大陸のくびれた部分で、ここから南極半島という名の長い半島が、南アメリカ大陸の先端へ向かって伸びている。この半島は地質学的には南アメリカのアンデス山脈につらなる。南極半島を伸ばした腕にたとえると、ウェッデル海はちょうどその脇《わき》の下だ。さて、ウェッデル海を渡り、南極大陸に上陸したなら、条件のよいときを選んで、シャクルトンと選《え》り抜きの部下たちからなるチームが大陸横断に向けて出発する。

　エンデュアランス号が南アメリカを出発すると同時に、オーストラリアから姉妹船のオーロラ号が出航する。南極大陸の反対側で横断チームの到着に備えるためだ。しかし、ただ待機するだけでなく、オーロラ号からも、大陸横断を支援するための上陸部隊が出発し、内陸に点々と食糧貯蔵所《デポ》を設置する。シャクルトン隊は大陸横断の終盤で、その貯蔵所《デポ》で食糧を補給して旅を続け、五ヵ月後にオーロラ号に迎え入れられるという手はずだった。

　資金集めのためのパンフレットには、愛国心をかき立てる調子で、探検の主たる目的は「南極大陸を海から海へと横切り、横断に成功した最初の国旗という名誉を英国旗にもたらすこと」と書いてあった。目的も計画も、いたって簡潔で、ほとんどこれだけだ。どこをどう探検するのか、考えられる危険にどう対応するのか、といった細かいことは決められていない。同時代の多くの探検家と同じく、シャクルトンは〝その場で考える〟という主義だった。考える必要が生じたときに、考えればよい。十分な装備と優秀な部下さえいれば、計画をやりとげるだけの力が自分にはあると信じていた。

　ロンドンのテムズ川のドックに、エンデュアランス号が晴れやかな姿を浮かべている。この美しく、時代の先端をいく船は、観光名物となった。有名な船と勇敢な乗組員を見ようと、好奇心旺盛《おうせい》な観光客が押し寄せた。隊員たちは上機嫌《きげん》で、さまざまな質問に答えた。三等航海士のアルフレッド・チーザムは、女性のグループに囲まれた。女性たちは心配そうに、待ち受ける危険が怖《こわ》くないか、想像もできない困難を乗り越えていく力がシャクルトン隊長にあるのだろうか、と質問した。

「ああ、あの人は立派な隊長さね」

　チーザムは答えた。

「部下を危険な目にあわせることは、できるかぎり避ける。しかし、どうしても避けられない危険があるときには、賭《か》けてもいいが、あの人が先頭に立って向かっていくのさ」

　七月には王室視察があった。アレクサンドラ王妃がエンデュアランス号を訪問し、シャクルトンと隊員に、署名入りの聖書を贈った。さらにシャクルトンには、英国国旗ユニオンジャックと、渡し守の守護聖人聖クリストファー*の、銀にエナメルをかぶせた立派なメダルも与えた。王妃の妹のロシア后妃《こうひ》マリーは、王室視察のあいだにせっせと写真を撮《と》っていた。その後、熱烈なファンがドックに押し寄せ、南極に持っていってほしいとテディベア*やらマスコットやらを隊員たちにプレゼントした。偉大なアムンセンその人からも電報が届いた。

聖クリストファー　十四救難聖人の一人。生まれながらの巨人で渡し守としての力を誇り、暴風雨の夜、イエスとは知らずに水をかぶりつつ川を渡ったことで、イエスから洗礼を受けたとされる。悪疫《あくえき》や悪天候に対して力を持つといわれ、水夫や巡礼者の保護聖人とされている。

テディベア　クマのぬいぐるみの一種。「テディ」の名はアメリカの第二十六代大統領セオドア・ルーズベルト（愛称テディ）にちなんでいる。当時から、アメリカのみならず、イギリスでも非常に人気を博していた。

「アナタガタノ　ソウダイナ　ケイカクノ　セイコウヲ　イノル」

一九一四年八月一日、エンデュアランス号とその乗組員は、出発準備を完了した。

氷岩

準備万端整い、エンデュアランス号が海に向かってテムズ川を下り始めたまさにそのとき、緊急事態が勃発《ぼっぱつ》した。ヨーロッパに第一次世界大戦の火の手があがったのだ。イギリスもドイツに宣戦を布告したため、世紀の探検は、スタートする前に最大の難関にぶつかってしまった。このまま南極に進めば、祖国の非常時に戦乱に背を向けるとは何事だ、という批判が出るだろう。だが、今になって探検を中止すれば、莫大《ばくだい》な費用をかけ、長いこと血のにじむ努力をして準備してきたものが水の泡になる。

苦しい立場に追いこまれたシャクルトンは、最終判断を海軍省にまかせるほかないと決断し、海軍省あてに電報を打った。エンデュアランス号、乗組員、備品、そのすべてを英国海軍にゆだねる……。

乗組員のなかにいた二人の軍人は、すでに探検隊を辞して自分の連隊にもどっていた。シャクルトンと残りのメンバーは、二つの思いに引きさかれていた。戦争に突入する母国への忠誠心と、南への航海を続けたいという激しい思いと……。みんなは息を張りつめて、運命の言葉を待った。そしてついに、海軍長官ウィンストン・チャーチル*から電報が届いた。

「ナンキョクニ　ムケテ　ゼンシンセヨ」

八月八日、大英帝国南極横断探検隊は母国をあとにした。乗組員は複雑な思いで、イギリスの海岸が遠ざかっていくのを見ていた。誰もが、自分たちは危機的な時期に故国を離れるのであり、今後少なくとも一年半は祖国に何があろうと知ることさえできない、ということがわかっていた。だが、それでも彼らは出帆《しゅっぱん》した。もうあともどりはできない。シャクルトンが家にあてた電報からも、武者ぶるいするような決意が読みとれる。

「ワレワレハ　イマ　シロイ　センソウヲ　タタカウベク　シュッパツスル」

十月には、アルゼンチンのブエノスアイレス港に到着。ここで隊員のちょっとした異動があった。数名が酒の飲みすぎで解雇《かいこ》され、代わりの者がその場で採用された。

アルゼンチンでも、たくさんの人が、世界に名の知れた探検隊を見ようと波《は》止場《とば》へ押し寄せた。隊員たちには土地の名士から、食事やダンス、キャバレーへのひっきりなしの招待があった。

ここで、大事な乗客があった。そり引き用に、カナダから連れてこられた犬

ウィンストン・チャーチル
一八七四年～一九六五年。イギリスの政治家で一九四〇年に首相になったが、当時は海軍長官だった。洞察力のあった彼は、シャクルトンを海軍士官の一人に加えるよりも、南極探検に向かわせたほうが国威発揚《はつよう》に役立つと考えたのだろう。

たちである。オオカミの血が混じったハスキー犬の雑種六十九匹が船に乗せられた。隊員のなかには、犬ぞりの御者《ぎょしゃ》の経験がある者など一人もいない。だが自信家のシャクルトンは、そんなことは気にもとめなかった。犬は甲板《デッキ》につくられた犬小屋に入れられたが、近くに来た人間に体当たりしたり、ガブリとやったりと騒ぎが絶えなかった。

エンデュアランス号の出発の日、アルゼンチンの海軍楽隊がイギリスとアルゼンチンの国歌を演奏したときには、犬の吠《ほ》え声とうなり声、遠吠えの伴奏がついた。一九一四年十月二十六日のことだった。

指揮官のシャクルトンが知らないことがひとつあった。船には密航者が一人、こっそりもぐりこんでいたのだ。パーシー・ブラックボロという名の若い船乗りが、これもまた若い船員のウィリアム・ベークウェルの手助けで、ロッカーにかくれていた。船がブエノスアイレスを離れて三日後、もう追い返される可能性がなくなったところで、ブラックボロは引き出されて、かんかんに怒っているシャクルトンと対面した。シャクルトンは鋭い目つきで密航者をジロリとながめたが、そのあいだにも、猫のミセス・チピーは、指揮官の足に頭をせっせとこすりつけて甘えていた。

「探検中にはしばしば飢《う》えることがあるが、密航者がいれば、そいつを喰《く》うことになっているのを知っているか？」

猫がゴロゴロいうのを無視して、おどかした。ブラックボロは、うろたえなかった。

「隊長殿のほうが筋肉がついていて、オレなんかよりうまそうであります」

シャクルトンはニヤリとした顔をかくして、副隊長のワイルドにこの若者を連れていけと命じた。それからつけたした。

「まず料理人に見せて、いい肉がとれるかどうか聞いてみろ！」

隊員はみな、自分たちの指揮官をボスと呼んでいた。「ボス」という呼び方には親しみもこめられていたが、畏敬《いけい》の念も大きかった。船医のジェイムズ・マッキルロイがこんなふうに述べている。「必要とあらば、シャクルトンはひどく恐ろしい人間に変身した。ナポレオンのような厳しい顔をした彼から、人を射《い》すくめるような目でにらまれると、誰だろうとふるえあがった」。続く数ヵ月の間に、隊員たちのボスへの信頼は絶対に近いものになっていった。

シャクルトンは、隊員たちの協力精神を引き出すのがうまかった。けんかをして口もきかない男たちがいると、「よせ、忘れろ」と言って、たくみに握手させた。隊員たちはいつのまにか、協力することで力が生まれることを身体で覚えていった。

南半球では季節が逆になるために、南アメリカの海岸を出航したときには春のさかりだった。エンデュアランス号は南極収束帯の端にある亜南極の島のひとつ、サウスジョージア島に向かった。南極収束帯とは、南からの冷たい海流（冷たい水は温かい水より酸素を多くふくむ）が、北からの暖かい海流とぶつかるところである。温度の異なる海流がぶつかると、海水が上下にゆっくりとかきま

密航者パーシー・ブラックボロとミセス・チピー（ミセスという名前だが、実は雄猫《おす》だった）。ブラックボロはボスに引き合わされたあと、船の料理手伝いとなる。

わされる。この動きは海底から栄養分を巻き上げることになり、あたりは豊かな海となる。約四十キロの幅を持ったこの収束帯は、世界じゅうで最も豊かな生態系をなしていて、驚くばかりの数の、魚、海鳥、アザラシ、クジラが生息している。

かつて人間がサウスジョージア島に足を踏み入れたのも、この豊かな海でクジラをとるためだった。島のけわしい絶壁と氷河のふもとにあるストロムネス湾は自然の良港で、ここにノルウェー人が開拓した捕鯨《ほげい》基地、グリトヴィケンがある。エンデュアランス号は、この捕鯨基地を、南極に向かう前の最後の寄《き》港《こう》地として選んだ。

ストロムネス湾へ向かったエンデュアランス号は、雪混じりのスコールと荒波にはばまれ、ゆっくりとしか前進できなかった。視界が悪く、危険だったが、霧の中に捕鯨船を一隻《せき》見つけた。汽笛を二度鳴らすと、捕鯨船シトカ号はすぐ

サウスジョージア島の捕鯨《ほげい》基地、グリトヴィケン。
この捕鯨基地では約200名が働いていた。大半はノルウェー人だったが、ほかにもさまざまな国籍を持つ人間がいた。捕鯨基地の周囲には何トンものクジラの肉や骨、脂肪《しぼう》のくずが捨てられて腐敗《ふはい》していた。

南極のこぶし

十二月の残りの日々を、エンデュアランス号は氷のあいだを縫《ぬ》って進んだ。ブラックボロは毎朝、上級ラウンジの日めくりカレンダーをはがしては、日数を数えていた。

外を見れば、大洋はさまざまな命に満ちていた。遠くではザトウクジラやシャチが潮を吹き、ぽこぽこ浮かんだ浮氷《ふひょう》の上では、太ったアザラシが目をパチパチさせて日なたぼっこをしている。コウテイペンギンは船や乗組員に向かって礼儀正しくおじぎをするし、アデリーペンギンは氷山から顔を出しては「クラーク！　クラーク！」と呼んでいる。おいおい、クラークというのは探検隊の生物学者の名前だぞ！　小型で真っ黒なアデリーペンギンは、目のまわりの白い輪っかが目立って、愛嬌《あいきょう》がある。このメガネ顔で、氷山をピューっとすべって海に飛びこんでは、隊員たちを大喜びさせた。

ナンキョクフルマカモメやシロフルマカモメの群れも、船についてきた。海に残飯を投げると、かん高い声をあげては急降下してきて、たくみにキャッチ

1914年12月９日、エンデュアランス号が氷の中を進み始める。シャクルトンは日記に書いている。「ウェッデル海の氷の状況が厳しいことは承知しており、心構えもできていた。とはいえ、12月と１月には、開水面ができるほどでなくても、多少は浮氷《ふひょう》がゆるんでいるだろうと期待していた。しかし、われわれが直面したのは、びっしりと張りつめてびくともしない浮氷群だった」。

する。一羽のアホウドリは、エンデュアランス号のつきそいとでもいった風情《ふぜい》で、白い大きな翼《つばさ》を広げてゆったりと上空を舞っていた。気象学者のレナード・ハッセーは、通りすがりの生き物に聞かせているかのように、バンジョーでセレナーデをかなでていた。

スコットランド出身の大工のマクニーシュが、ペンギンたちはどうも音楽がわかるようだ、と言いだした。

「ペンギンってのは、変わってらあ。曲が終わったら、水かきで拍手しようとしやがった。学者のだんなが弾《ひ》いたのが、スコットランドの民謡だったからさね。頭がいい鳥だから、いい音楽がわかるってことよ。違う音楽だと、いやがって逃げちまうんだ」

当の学者のだんな、アイルランドびいきのハッセーに言わせると、ペンギンの音楽の趣味は違っている。

「ペンギンが好きなのは、黒人霊歌やアイリッシュ・ジグ*だね。すごく気に入って何度も聞きたがったのは、アイルランドの古い歌の『はるかなるティペラリー』だ。ところがスコットランドの曲をやったら、なんと、怖《こわ》がって逃げだしたんだ。あの短い足をチョコチョコさせてさ」

船にいる動物たちも楽しみを与えてくれた。ミセス・チピー（という名前だが、実は雄《おす》だった）は、犬小屋の上をお散歩できることに気がついた。犬はかみつき

アイリッシュ・ジグ　ジグとは、もともとイギリスの民族舞踊のこと。十六世紀にイギリスで流行し、その後、アイルランドで軽快なダンスとして広まった。

「恋人たち、そして妻たちへ――両方がはち合わせをすることのないよう、守りたまえ！」。

たくても、すれすれで届かない。猫に頭の上をゆっくり歩かれると、オオカミ犬たちは、獲物《えもの》を引きさきたくて気が狂いそうになった。

ほかには、ロースト・ポークにするためのブタが二匹と、船の常連であるドブネズミとハツカネズミもいた。ミセス・チピーはたっぷりエサをもらっていたから、ネズミをとろうなんて気はさらさらなく、台所でおやつをねだったり、犬をいびったりしては楽しんでいた。

船は進んではいたが、進み方はあまりに遅かった。シャクルトンは、十二月の末には大陸に到着したいと考えて速度を見積もっていたのだが、クリスマスの時点で、まだ南極圏に入ってさえいなかった。それでもクリスマスには、コックが腕をふるい、海ガメのスープ、野ウサギのシチュー、ホワイトベイト(魚の一種)、ミンス・パイ*、イチジク、それからクリスマス・プディングという豪華版のメニューでお祝いをした。クリスマス・キャロルを歌い、黒ビールやラム酒を飲んだ。「恋人たち、そして妻たち」に乾杯。「恋人と妻がはち合わせしないよう、守りたまえ」と、また乾杯。

一九一四年が押し迫っても、エンデュアランス号は南に向けて、あいかわらずウェッデル海をのろのろと進んでいた。まっすぐな進路がとれることはまずなかった。南に向かって開けた水路があれば、もちろん全速力で進んだ。しかし、浮氷群にそって西へ向かうこともあったし、どうしようもなく北へもどることさえあった。動くことができず、ひたすら待つしかないこともあった。

船長のワースリーは、罠《わな》にはまったネズミのような気分で、マストの上の見張り台から必死で水路を探し、船橋《ブリッジ》の乗組員に方向を指示した。雲の下に「氷映《アイス・ブリンク》」と呼ばれる白い輝きがあれば、その空の下には浮氷群があることを示している。逆に雲に暗い影がうつれば、それは「水空《ウオーター・スカイ》」で、開水面のある場所を示していた。

シャクルトンは次のように説明している。「浮氷を縫って進むために、船長と

ミンス・パイ　干しブドウやリンゴを、砂糖、香料、さいの目切りした牛脂《ぎゅうし》と混ぜ、一カ月ぐらいブランデーとマデイラ酒に漬《つ》けこんだものを入れて焼いたパイ。

副隊長と私は、三人の航海士とともに、三交代で見張りに立った。つまり、甲板《デッキ》にはいつも二人の見張りがいたわけだ。大工が、船橋《ブリッジ》に、二メートルの長さの木製の腕木《うでぎ》信号機をとりつけた。おかげで針路をとる航海士は、舵輪《だりん》を握る船員に、舵柄《ヘルム》をまわす方向と角度を信号で指示できるようになった。これで時間が節約できたし、大声を張りあげる必要もなくなった」。

　極寒《ごっかん》の大気に水分が充満していると、船の索具《ロープ》や円材《スパー》にびっしりと霜《しも》がつくことがある。霜におおわれたエンデュアランス号は、この世のものとは思えない白い輝きをおびた。氷山のあいだをすり抜けていく姿は、まるで船自体も氷山の仲間に変身したかのようだった。太陽が現れると、横に張られた索具《ロープ》からつららが落ちて、甲板《デッキ》の上でガラスのようにパリンとくだけ散る。また、海が凍り始めると、あちこちに開けた水路からいくすじもの氷煙が立ちのぼり、シャクルトンによれば、大草原の火事のようだった。

　太陽は沈むことがなく、霧が出ても暗くならない。空気が水晶の役割をして蜃気楼《しんきろう》が起こり、上下逆さまの氷山が、水平線の上に見えることもあった。蜃気楼があると、どれが本物でどれが幻影の氷山か、見分けるのが難しく、氷山のまわりの航海はいっそう危険なものとなった。特に、二十四時間内に四百以上もの氷山を通過することがあるようになってからは、違いを見分けることは緊急課題となった。地の果ての海だというのに、これじゃあラッシュアワーなみの混雑じゃないか！

大みそかにやっと南極圏を越えることができた。何人かが船橋《ブリッジ》に集まって『蛍《ほたる》の光』を歌うと、犬のもの悲しげな遠吠《とおぼ》えが加わった。氷はますます密になり、開水面はますます見つけにくくなった。進路が開く気配はまったくない。昼も夜も、氷はガラガラと音を立て、船の側面をこすっていく。寝ても、食べても、トランプをしても、それからエンジンに燃料を補充したり海図を読んだりしていても、男たちの耳には氷が船にぶつかる音が聞こえていた。

霧や氷で動きがとれないときには、シャクルトンは、船を大きな氷山や氷盤《ひょうばん》に停泊させるよう命じた。待ってましたとばかりに、男たちも犬も表に出て、広い氷盤の上で運動にはげんだ。男たちは、ホッケーとサッカー、犬たちは、興奮してペンギンを追いかけまわす。犬が好きほうだいに走りまわっても、迷子になる心配はなかった。四方は冷たい海だし、おまけにシャチが獲物を求めて泳ぎまわっているのだから。「シャチは、氷盤の上にアザラシがいるのを見つけると、氷盤の下から氷をつらぬいてアザラシを喰《く》う習性がある。シャチにア

船が動けなくなると氷の上でサッカーをした。
水路が開け、航海を続行できるのを待ちながら。

ザラシと人間の区別がつくとは思えないから、用心したほうがいい」と、シャクルトンは書きとめている。

　氷盤に停泊していたあるとき、エンジンつきの動力そりが引っぱりだされて、エンジニアのオーデリーがそりの試運転をした。画家のマーストンがこれに飛び乗って、アイスクリーム売りのまねをすると、何人かがロンドンの下町っこになってアイスクリームをねだって追いかけた。おふざけがすんでから、このそりのテスト走行が行われたのだが、でこぼこした氷の上ではそりはうまく走らず、結局役に立ちそうもなかった。残念ながら、このそりを使おうというプランは取りやめるほかなかった。

　日が過ぎていった。エンデュアランス号が進んだ水路は、船の後ろで凍りついてまた閉じた。開水面はますます見つからなくなり、どこもかしこも見渡すかぎり、氷ばかりが広がっていた。

　年が明けて二週間半たったころ、カメラマンのハーレーは日記にこう書いて

凍りついた海。ギザギザの氷盤《ひょうばん》が延々と続き、南極大陸への接近を拒《こば》んでいる。1915年1月。

いる。「浮氷群に突入してから七週間になるが、絶え間ない闘いの連続だ」。天候はよくならず、氷が開ける気配もない。翌日一月十九日、南極海はこぶしをふり上げて、船を閉じこめた。エンデュアランス号は浮氷群にびっしりと取り囲まれ、見渡すかぎり、どこにも開水面はなかった。

　船はロンドンから二万キロを航海してきた。浮氷群の中を苦労して千五百キロ進んだ。今や大陸から百五十キロと離れてはいない。それなのに、陸地に到達することができない。

船から見た巨大な氷山。1915年1月16日。

氷山の上の冬

エンデュアランス号は流氷に閉じこめられてしまった。オーデリーの言葉を借りると、「アーモンドチョコの真ん中にあるアーモンドのように」身動きがとれなくなった。氷に閉じこめられてしまっては、誰も、どうすることもできない。船を走らせるのが仕事の船乗りたちは失業だし、船長もお手上げだ。

しかし、残りの連中は、けっこう忙しくやっていた。ハーレーは凍りついた索具《ロープ》によじ登っては、写真を撮《と》りまくっている。あまりの大胆不敵さと、それからオーストラリア流の口汚いののしり言葉の乱発には、そんなものには慣れているはずの船乗りたちまで啞然《あぜん》とするほどだ。コックのグリーンの台所仕事は、何が起ころうが変わりようがない。船が動こうが動くまいが、乗組員は食べなければならないのだ。密航者のブラックボロが助手として、なかなか役に立っていた。

船上の科学者たちは、それなりに実験を続けていた。物理学者のレジナルド・ジェイムズは、船の旧型無線機をいじりまわしていた。無線機といってもただの受信機だから、こちらの窮状《きゅうじょう》を発信することはできない。フォークランド諸島から月に一度信号が送られてくるはずで、それをキャッチしようとしていたのだ。アンテナをつけたしたが、信号はとうとう一度も拾えなかった。

水深を測ったり海水のサンプルをとったりするために、氷に穴があけられた。生物学者のロバート・クラークをちょいと興奮させてやろうといって、誰かが標本用の海水サンプルの瓶《びん》に、ゆでたスパゲッティーをこっそり入れた。しかし、無口なスコットランド人の科学者からは何の反応もなかった。

気象学者のハッセーは、気象観測を続けていた。二月十七日の真夜中、出ずっぱりだった太陽が初めて水平線の向こうに沈んだ。秋がしのび寄っている。そしてそのすぐあとには冬が迫っていた。

シャクルトンはといえば、大英帝国南極横断探検隊は船上で冬を越す運命なのかと危《あや》ぶんでいた。もはや今年じゅうに大陸を横断できる望みは、ほとんどなかった。どうしようもないときには順応するしかないではないか。シャクルトンは、金属棒に小さなドーナツ状のクジラの骨を通した、凝《こ》ったつくりのステッキを持っていた。これを解体して、クジラの骨でポーカーのチップをつくった。トランプ遊びが日課となった。

とはいえ、氷の牢獄《ろうごく》から脱出する望みを完全に捨てたわけではなかった。シャクルトンは、エンジンには燃料をくべさせ、見張りを置いてくまなく水路を

マストのてっぺんで写真を撮《と》るフランク・ハーレー。
ワースリーによると「われわれなら手袋とヘルメットで身を守るところを、
この命知らずの若者は、風に髪をなびかせてすいすいと登っていく。
写真を撮りながらひどいののしり言葉を口にするが、
実はうれしくてたまらないのだ。
彼は勘《かん》がさえていて、生命の躍動《やくどう》を写真に撮ることができた」。

探させていた。万が一脱出するチャンスがあった場合に備えて、エンジンの火を保っておきたかったので、一日半トンの石炭を燃やし続けた。

しかし、三月十六日には、氷の上での越冬《えっとう》がもはや避けられないと判断。ついに、エンジンの火を落とすよう命令した。隊員たちは、それが何を意味するか知っていた。春になって氷が開くまで、ここに閉じこめられる運命が決定したのだ。

一方では、全員が、自分たちのノルウェー製の船は氷の圧力に耐えられるくらい、分厚く頑丈《がんじょう》にできていると確信していた。この時点でシャクルトンが深刻に心配していたのは、流氷に流されてコースを遠く離れてしまい、予定がいっそう遅れるのではないかということだけだった。今できることはただひとつ、忍耐強く待つこと。願わくは、死ぬほど退屈しなくてすみますように。

もちろん、狩りをしなくてはならない。少なく見積もっても、すでに数ヵ月の遅れが出ているため、船の食糧庫に新鮮な肉を補う必要があった。二月と三月上旬には、氷の上にさまざまな生き物がいた。どちらを向いてもアザラシとペンギンが見つかった。しかし、三月下旬から四月上旬になると、獲物《えもの》はとぼしくなった。南極の冬を避けて、動物たちが北へ渡ったからだ。待ち受ける厳しい寒さに備えて、狩猟隊は毎日出かけていっては、大量の肉と脂肪《しぼう》を持ち帰った。

　アザラシを殺すのは、かわいそうなほど簡単だった。アザラシは陸上のものには何の警戒心も持っていなかったから、スキーか歩きかで近づき、安心しき

船上でアザラシの肉を切り分けている
コックのチャールズ・グリーン。
船医たちは、新鮮なアザラシ肉は壊血病《かいけつびょう》を防ぐと信じており、
ひんぱんに食べるようみんなにすすめた。
船医の信念は正しかった。

っている動物を簡単に棒で打ち殺すことができた。船長は、マストの上の見張り台に双眼鏡、メガホン、旗を持ちこみ、氷の上のアザラシを探しては、狩猟隊に大声で場所を指示した。見張りは同時に、シャチを警戒するためでもあった。シャチは氷の裂《さ》け目から鼻先を突っこんでくるからだ。

貯蔵してある食糧をできるだけもたせるために、シャクルトンは、乗組員にアザラシの肉を食べさせようと決めていたが、みんなが賛成というわけではなかった。あんな生臭《なまぐさ》いものなんか喰《く》えるか、あれは犬のエサで人間が食べるものではない、と文句を言う者もいた。もっともそんな連中も、じきに慣れてしまったが。実際のところ、タマネギとポテトといっしょにローストすると、肉汁がたっぷりで悪くなかったのだ。

大きなアザラシを船まで持ち帰るには、犬ぞりが活躍した。犬たちはいちばんの仲間であり、お楽しみの相棒《あいぼう》でもあった。船大工のマクニーシュが建てた犬小屋が甲板《デッキ》にあったが、それとは別に、犬の〝別荘〟をつくる遊びがはやった。エンデュアランス号のそばの氷の上に、氷の家〝イグルー〟*ならぬ〝ドッグルー〟をつくるのだ。氷のかたまりで壁をつくり、凍ったアザラシの皮を屋根にして、上を雪で押さえる。そのうちに男たちは凝り始め、とんがり屋根やら円《まる》屋根、玄関などをつけ加えて、ミニチュア建築の外観を競うようになった。

イグルー　北極圏に住むエスキモーが冬につくる氷の家。氷をブロック状に切り取ってレンガのように積み上げ、ドーム状の屋根をつくる。

コウテイペンギンのひなを２羽かかえるヒューバート・ハドソン。
陸上に天敵がいなかったため、ペンギンは人間を恐れることがなく、
つかまえるのは容易だった。

もっとも犬たちは、この豪華な別荘ではなくて、外の雪の中で寝るほうを好んだのだが。凍った海の真ん中に突然出現したドッグタウンは、アザラシの骨や糞《ふん》が散乱してはいたが、にぎやかな活動センターとなった。

エンデュアランス号が航海できるようになれば、当然陸上の探検が行われる。そのときに備えて、六組の犬ぞりチームがつくられた。犬ぞりのドライバーは、二人の船医、マッキルロイとマクリン。それに写真家のハーレーと探検画家のマーストン。そして南極での豊富な経験を持つクリーンと、シャクルトンの忠実な副隊長ワイルドだった。六人のドライバーは、おたがいに猛烈な競争意識にあおられていた。ハーレーが自分のチームがいちばん速いと自慢し始めたものだから、たまらない。何としてもレースをやって、決着をつけなければおさまらなくなった。

〝ドッグルー〟

フランク・ワイルドと彼の犬ぞりチームの犬２匹。
イギリスの学校では南極探検を応援するための募金集めが行われた。
その募金でそり犬を購入したため、犬たちには「ハーロー」とか「ラグビー」など
学校の名前がつけられた。ほかの名前は、シェイクスピア、ウェリントン、ネルソン、
アムンセン、セーラー(船乗り)、サリー(遠征)、スーリー(荒くれ) など。

六月十五日、隊員全員が、晴れの南極ドッグ・ダービーに集合した。レース場はイギリスの有名な競馬場にちなんで「エプソン・ダウンズ」と名づけられた。初めはチョコレートとかタバコとかを賭《か》けていたのだが、誰かがソブリン金貨*を使いだしたとたんに火がついて、男たちは賭けに熱狂した。

犬が興奮してキャンキャンワンワン吠《ほ》える声が、極寒《ごっかん》の空気の中にひびく。すぐそばではペンギンの群れが、まるで正装したオペラの観客のように、そっくりかえって成り行きを見物している。真昼とはいえ薄暗いなか、七百五十メートルのコースが伸びている。

スタートのピストルが鳴って、そりがいっせいに飛びだした。ドライバーの「マッシュ（進め）！」、「ギー（右へ）！」、「ハウ（左へ）！」という鋭い声があがる。オーロラの輝きを頭上に、副隊長ワイルドが、犬の鼻ひとつというきわどい差でハーレーを打ち負かした。タイムは二分九秒。負けた者のうめき声と勝った者の歓声があがるなかで、賭け金のやりとりが行われた。

競争に熱くなるのは人間だけではなかった。犬はどんなに訓練や運動をさせていても、けんかが絶えなかった。犬同士でかみつき合ったり人間にかみついたり、さすが半分オオカミの血が混ざっているだけのことはあった（ドクター・マクリンは犬のけんかをやめさせる特効薬を考えだした。けんかをしている犬の頭に、重いミトンをはめた手でげんこつを喰らわせばよい。たいていは一発か二発で、犬はキャン

ソブリン金貨　一九三〇年代まで使われていた、イギリスの一ポンド金貨。

エンデュアランス号から降りる犬ぞりチーム。
チームは訓練のため、１日おきに引き具をつけた。
オオカミの血が混じった犬たちは、ペンギンを見ると猛スピードで追いかけるので、
めちゃくちゃな走りになることが多かった。

キャン鳴きながらドッグルーへ逃げこんだ）。それに、そり引きの最中であろうと、ペンギンを見つけたら最後、犬は夢中になってあとを追いかけた。ドライバーがかんかんになって怒っても、効果はない。よちよち歩くペンギンには、犬から逃げきるチャンスはなかった。

シャクルトンがリーダーでいるかぎり、隊員同士のあいだでけんかが起こることはなかった。隊員たちはさまざまなタイプの人間の寄せ集めであることを思うと、これは驚きに値する。たとえば船乗りの世界は、大学の研究者の世界とはまったく異なる。だから、探検隊員たちはもともと、すんなりなじめる人間同士の集まりではなかったはずだ。それが、行くところもなければやることもない船の中に、男ばかりが詰めこまれている。どんな争いごとが起きても不思議はない厳しい環境だというのに、彼らはよくまとまっており、仲がよかった。

氷の罠《わな》にかかって、船は動きを封じられた……。ところが皮肉なことに、実際には船は動いていた。船を閉じこめた流氷が、船ごと北へ流れていたのだ。潮のおかげで、流氷全体が時計まわりに、南極半島にそって西へ、そして北へと進んでいた。船長は太陽や星の観測から船の位置をわりだすと、海図に記した。間違いなく、船は北へ向かっている。

ワースリー船長（左）と物理学者のジェイムズが、
船の位置を算出するため、夜間に天体観測をしている。

流水は水が温かいところに行きつけば、やがて解体する。だから、ただひたすらがまんして待ってさえいれば、必ずこの窮地《きゅうち》から脱することができる。隊員は一人残らず、このことを知っていた。

隊員たちが閉所症候群《キャビン・フィーバー》で気が変になってしまうのを防ぐために、ボスは日課を定め、それがきちんと守られるよう工夫を重ねた。毎週、隊員全員とそれから犬の身体測定を行い、体重が減っている者はいないか、食べすぎている者はいないかを調べた。

ある晩、シャクルトンは、探検隊員がみな、髪はぼうぼう、髭《ひげ》はモジャモジャで浮浪者のようなことに気がつき、全員に散髪を命じた。船長がこのことを記録している。「機関士のリッキンソンが小気味よさそうにハサミを動かして、丸坊主になるまで刈りこんだ。結果は、古代のローマ皇帝に見えなくもないが、それよりずっと囚人《しゅうじん》の集団に近い……。われわれは一人残らず徹底的に刈りこまれた。素人《しろうと》床屋は、奇跡でも起こすかのような厳粛《げんしゅく》な顔をして犠牲者をつかまえる。これ見よがしにハサミを高くかかげる。ハサミが振り下ろされると、あわれな犠牲者から、叫び声があがる……。みんながあまりにも珍妙で、おかしくて、しかも犯罪者のように見えるというので、カメラの出番となる。この晩を永久に保存し、容姿《ようし》に関するうぬぼれを正す必要が生じたときに役立てようというのだ」。

トランプ、推理ゲーム、物まね、蓄音機《ちくおんき》でのレコード鑑賞、スライドを使った講義、朗読など、長く暗い冬を退屈せずに楽しく過ごす方法が工夫された。船長はニュージーランドについての講義をし、希望者には、「ハカ」と呼ばれるマオリ族の戦いの踊りを指導した。誰がいちばん下手《へた》な歌い手かを決めるのど自慢大会もあり、いちばん票を集めたのはボスだった。模擬《もぎ》裁判もやった。船長が長老派教会の献金皿からズボンのボタンを盗んだと告発され、裁判の結果有罪となったので、みんな大喜びした。ハッチを開けておきたい「新鮮な空気を愛する友の会」と、暖気を逃がしたくない「クサい地下同盟」のあいだで大討論会も行われた。

　六月十八日、ドクター・マッキルロイは、サイコロを持ってきたことを突然〝発見〟した。それから、そのサイコロを使った賭けがさかんに行われるようになった。毎週土曜の夜には、

散髪大会は、単調な毎日に変化を与えた。笑いがあふれたひとときき。

「*ホテル・リッツ」とみなが呼んでいる船の談話室で、*グロッグ酒が全員にふるまわれた。乾杯の言葉は、例によって「愛する恋人たちと妻たちへ」、そして「恋人と妻がはち合わせすることのないよう、守りたまえ」。

シャクルトンは船の日課をしっかりと守らせた。朝食は午前九時。メニューはポリッジ(おかゆ)、ココアか紅茶、パン、バター、ジャム。昼食は午後一時で、スープ、パン、ジャム、ココア。お茶は午後四時。午後六時の夕食は、いちばんのごちそうだった。食事と食事のあいだには、甲板《デッキ》や共用の部屋の掃除をしたり、解かして飲料水にするため氷を船に運んだり、船倉《せんそう》にしまってある二トンのジャガイモの芽をけずりとるなどの、雑用をこなした。

狭いところにこもっているよりは、たとえ極寒であっても表の空気を吸いたいという者もいた。オーデリーは船倉から自転車を引っぱりだしてきて、エンデュアランス号のまわりの氷の上で曲乗りの練習をした。外は暗いというのに、しょっちゅう遠乗りに出かけ、ついにあるとき迷子になって、救助隊が探しに出るはめになった。シャクルトンはオーデリーにきっぱりと、自転車乗りはこれでおしまいだと告げた。ハーレーは、カメラを使えるだけの明るさがあるときは一瞬も逃さず、氷の上で写真を撮りまくった。

とはいえ、隊員たちがどんなに用事をひねり出そうとも、ひとつの事実だけは変わらなかった。待つこと、ただひたすら待って待って待つこと。実のとこ

ホテル・リッツ　一九〇六年創業の、ロンドンの中心部にある超高級ホテル。イギリス庶民が一度は泊まってみたいとあこがれるホテルのナンバー・ワン。

グロッグ酒　ラム、コニャック、キルシュなどの蒸留酒に熱いお湯を注ぎ、砂糖や蜂蜜で甘くして、レモンの薄切りを加えた飲み物。「グロッグ」とあだ名されたイギリスの提督バーノンが、一七四〇年、水兵たちに支給されるラム酒を水で割るよう課したことから、この名がついた。

解かして飲料水にするために、氷を船に運び入れる。

ろ、動けない船の中でできることは、それだけだった。

　困ったことに、病気になる犬が出てきて、そりのドライバーたちをひどく心配させた。バタバタと十四匹死んだあと、二人の医師、マクリンとマッキルロイは解剖《かいぼう》を行い、犬に大量の寄生虫がついていることがわかった。船には寄生虫に効《き》く薬がない。でも幸いなことに、旅の途中で生まれた子犬が何組かいる。この子犬たちが元気に育ってくれれば、死んだ犬の代わりをしてくれるだろう。

　男たちは子犬をペットにしてかわいがった。ポケットに入れて連れ歩いたり、「お客さん」にしてそりに乗せて遊んだりした。二等航海士のトム・クリーンが、自分の子犬の訓練用に小型のそりをつくった。このそりを子犬に引かせてみたときのことを、船長が書いている。「クリーンが四匹の子犬に初めて引き具をつけた……子犬たちがおびえてキャンキャン鳴く声があたりにひびいた……子犬たちはよたよたと方向の定まらないコースをたどる……雪の中をあえぎながら、もがいて進む……やっと船の方向に向かうと、うれしさのあまり、数分間は成犬のチームに負けない速さで、憎らしいそりを引きずった」。

　男たちと犬とのあいだには、強いきずなが生まれていた。自分の犬のために、ドッグルーの中にわらを敷いて特製ベッドをつくってやったり、自分の皿からごちそうを分けてやったり、ときにはドッグルーの中にもぐりこみ、犬と抱き

1915年６月３日、冬の暗やみの中で
「ドッグタウン」の犬たちにえさをやっているところ。
犬たちは毎日生の肉を約450グラム与えられた。
ドクター・マクリンはその手順を書いている。
「午後５時、『犬のえさ用意』の号令がかかる。犬たちが大声で吠《ほ》え始める。
えさの時間だ……犬同士のけんかがしょっちゅう起こった。
犬係は、犬がおたがい傷つけ合うのを止めるために、
ムチや足やこぶしで思いきりなぐらなくてはならなかった。
犬は相手を容赦しないからだ」。

合って温め合うこともあった。

　子犬たちは船の上で飼われていたが、ときどき檻《おり》から逃げだしては、食糧の蓄《たくわ》えをあさった。夜になると、犬たちがいっせいにオオカミのような遠吠《とおぼ》えをすることがあった。南極光*の方角に、もの悲しい犬の声がひびく。南極光は、果てしなく続く氷原に影を落とすほど明るかった。


　閉所症候群《キャビン・フィーバー》が高まってきたのを振りはらうため、六月二十二日の冬至《とうじ》の日を、盛大なお祭り騒ぎで祝った。有名人の演説や説教のものまねが登場。それから二等機関士のカーが浮浪者の格好で登場して、『闘牛士スットコドッコイが行く』を歌った。あまりに高い声を出すので、バンジョーで伴奏していたハッセーが「下げろ！　下げろ！」と言い続けたが、それもおかしくて大受けした。画家のマーストンがタヌキオヤジの衣装で舞台に上がり、「祭りだ祭りだ」と歌った。犬の遠吠えを伴奏に、自家製の楽器で「不協和音幻想曲」を演奏したグループもあった。夜中の十二時にコックが揚《あ》げパンとオニオンフライを出し、みな喜んでガツガツと食べた。

　そのあと、副隊長フランク・ワイルドがパイプをコツコツたたいて燃えさしを落とすと、立ち上がって詩を暗誦した。ヘンリー・ワーズワース・ロングフエローの『ヘスペラス号の難破』。難破船の悲劇の物語が語られると「ホテル・

南極光　オーロラのこと。北極で見られるものは「北極光」という。

1915年 6 月22日、冬至《とうじ》祭りのディナー。

リッツ」はシーンと静まりかえり、厳粛な空気がただよった。外では凍った風がうなりをあげている。

祭りは終わった。最後に全員で英国国歌を歌い、祝杯をあげて、おひらきとなった。男たちが各自の部屋にもどったときには、南極の冬が半分終わっていた。

外の闇《やみ》の中では、無数の流氷がぶつかり合い、きしみ続けている。まるで、氷の海の中に巨人がいて、そいつが身体を動かすたびにあちこちの氷の山ががラガラとくずれるかのようだった。

1915年 6 月22日、冬至《とうじ》祭りの余興《よきょう》のための衣装を着た隊員たち。
映画やテレビがなかったこの時代、娯楽といえば芝居やショーだったので、
長い航海に出る船は必ず衣装や小道具を積んでいた。
前列左に顔を黒く塗った隊員がいるが、
この手の人種偏見《へんけん》は当時はめずらしくなかった。もちろん今では許されない。

氷の圧力

七月十四日から十六日まで、すさまじいブリザード*となり、信じられないほどの強風が船を翻弄《ほんろう》した。気温はマイナス三十七度まで下がった。ボスは、犬が凍死しないように、ラードをひとかたまりずつ食べさせるよう、犬ぞりのドライバーたちに命じた。船の外に出ることは、全員に禁止した。ドッグタウンだけは例外で、そこまではワイヤーが引いてあったので、ワイヤーを伝って安全に行き来ができた。

船では、男たちが本やパイプを持ってストーブのまわりに集まり、支索《ステー》や桁端《ヤーダーム》のあいだを吹き抜ける風の怒号《どごう》を聞いていた。氷の圧力がかかると、船がギリッギリッと不気味な音を立てるのが、いやでも耳についた。シャクルトンは日記にこう告白している。「運命を切り開くために、自分たちで何かできるのだったら、こんなに苦しくはないだろう。しかし氷が解放してくれるまで、われわれにできることは何ひとつない。こうしているあいだも氷の圧迫は続いており、どういう結果になるのか予想がつかない」。

ブリザード　もともとは、北アメリカの冬に吹く、非常に冷たい北西の強風を指す言葉だったが、現在では、一般に「暴風雪」の意味で使われている。日本の昭和基地では、風速十五メートル以上で六時間以上続く暴風雪をブリザードと呼んでいる。

ハーレーが撮影したエンデュアランス号の最も有名な写真である。
船は霜《しも》のために真っ白で、冬の夜は真っ暗なために、まるでネガのように見える。
撮影されたのは1915年８月27日の夜。像をフィルムに定着させるために、20回もフラッシュをたかなければならなかった。「連続してフラッシュをたいたために、半分盲目《もうもく》の状態だった。氷丘《ひようきゆう》に囲まれて方向感覚を失い、あちこちで向こうずねを打ち、よろめいて雪の吹きだまりの中に倒れた」と、のちにハーレーは語っている。

シャクルトンは初めて、探検隊の将来への疑問を口にするようになった。船長と二人で内密に、この窮地《きゅうち》について話し合った。

「もしも、エンデュアランス号を捨てなければならない事態になったとしても、どうにかしてやっていけるでしょう」

船長は外で強風がうなるのを聞きながら言った。

「ぎりぎりまでこの船に残ろう」

とボスは答えた。

「隊員たちにはこのままでも過酷《かこく》すぎるほど過酷だ。ブリザードや寒さから守ってくれる船がなかったら……」

そこで言葉を止め、船室の中を歩きまわった。それ以上は言葉にならなかった。風がまたもや悲鳴のような声をあげ、ドアのすきまから吹きこんで、明かりを明滅させた。

ブリザードがおさまったとき、見渡すかぎり、すさまじい破壊の光景が広がっていた。純白の破壊……。なめらかな平面だったところが、徹底的に打ちくだかれている。巨大な柱のような氷が、ありとあらゆる角度で突き出ている。少しでも山になったところがあると、風がうなりをあげておそいかかり、巨大な雪の吹きだまりをつくる。ゴミ捨て場だけが、かぶっていた雪を吹き飛ばされて、みにくく目立っていた。

さらに悪いことに、何百キロにもわたってあちこちに氷の山ができたせいで、風が影響力を増した。乱立した浮氷《ふひょう》を抜けるあいだに風はいっそう強まり、そのせいで凍りついた海がゆすぶられ、押し合いへし合いしてはギリギリときしんだ。エンデュアランス号も苦しげな声をあげ始めた。大きな声だった。

「氷盤《ひょうばん》と氷盤のあいだにはさまっていた巨大な氷のかたまりが、ゆっくりと持ちあがって、ついにはじけとんだ。まるで指と指とでギュッとはさんで、サクランボの種を押し出すように」とシャクルトンは書いた。

「氷と氷がぶつかる音はすさまじかった。まるで巨大な列車が車軸《しゃじく》をキーキーきしませながら、軌道の入れかえでもしているようだ。ガラガラ、ガシャーンとぶつかる音がひびきわたった」とワースリーがつけたしている。

昼も夜も、頑丈《がんじょう》な船が氷の圧力に必死で抵抗す

エンデュアランス号の談話室「ホテル・リッツ」で、
「蓄音機《ちくおんき》の夕べ」が毎週開かれた。

る音を、男たちは聞き続けた。七月二十六日、オールド・ジャマイカ（太陽を意味する船乗りのスラング）が久しぶりで顔を出し、男たちから感動のどよめきがあがった。太陽がほんの少しでも出てくれると、元気がわく。

八月一日、船にかかる圧力が和《やわ》らいだ。男たちは祝いの言葉を交わし、氷の中で持ちこたえている船をほめたたえた。八月は平和に静かに過ぎていき、気分はいっそう明るくなった。春がやってきている。もうすぐ船は解放されるだろう。そして旅を続けることができるだろう。ドッグタウンは氷に破壊される心配があったので、犬は一匹残らず、船上にもどされた。

しかし、八月三十一日の夜十時、再び氷の圧力が高まった。船はきしみ始め、まるで苦しんでいる動物のようにうめき、ふるえた。これがおさまるまでの三日間、乗組員の緊張は限界まで張りつめた。まるで彼らをからかうように、九月は船への攻撃の手を強めたりゆるめたりと、さんざん繰り返した。

何度か、圧力が高まるときが「蓄音機《ちくおんき》の夕べ」となぜか重なった。迷信深い連中が、音楽が圧迫を呼ぶんだと騒ぎ始め、争いを避けるために、蓄音機は禁止となった。

船のまわりに掘った穴から採取される水の中に、プランクトンが増加していた。春が近づいている確かなしるしだった。それでも不安は解消されず、全員が何か不気味なものを感じていた。気温は上昇しているし、日照時間は日まし

風は激しさを増し、氷のかたまりをたたきつけてきた。「みんな浮き足だった。最初にちょっとグラッときたと思ったら……後ろのほうの船底の下で、氷が割れるような音がした……ボスはクジラだろうと言ったが、あれがクジラのはずはない」と、大工のマクニーシュは日記に書いている。

に延びている。しかし、エンデュアランス号はまだ解放されていなかった。

九月二十二日、南極の春の第一日めに、ワースリーは日記に記している。「われわれは動物から完全に見放されたようだ。近いうちにペンギンをつかまえなければ、犬たちが飢《う》えてしまう」。再び船から降ろされた犬たちは落ち着きがなく、船にもどりたがってクンクン鳴いた。冬の厚い毛皮を脱ぎ始めたが、日を追うごとに腹をすかせていった。

九月三十日の午後、巨大な氷盤が船の左舷《さげん》にぶつかってきた。ワースリーによれば、重さ約百万トン。あまりの衝撃に、船の横梁《ビーム》はゆがみ、前檣《フォア・マスト》は、風に吹かれる麦の穂《ほ》のようにグラグラゆれた。この攻撃は一時間続き、男たちは度《ど》肝《ぎも》を抜かれてぼうぜんとしてしまった。黙ったまま、振り落とされたいろいろなもの、本、工具、海図、鍋《なべ》類、紅茶の箱、タバコの缶《かん》、顕微鏡、置時計、日記などをかがんで拾い集め、曲がった甲板《デッキ》をぽかんと見つめていた。

続く二週間、男たちは息を詰めるようにして過ごした。これで攻撃が終わったとは考えられなかった。浮氷は今も着実に北へ向かって、エンデュアランス号もろともただよっていた。太陽はほぼ二十四時間照っており、気温はマイナス十五度近くまで上がった。そして十月十八日、霧の深いくもった日に、氷は再び両側から船を圧迫し始めた。

とうとう船はグワッと押し上げられた。両側からの圧力で、氷の中からしぼり出されようとしている。次の瞬間、いきなり大きく左に傾いた。固定されていないものはすべてすべり落ち、船のへりにぶつかった。人間も犬もいっしょくたになって悲鳴をあげながら、もんどりうって転げ落ちていった。船が横倒しになったら、氷盤に飛び降りようと構える者もいた。しかし、エンデュアランス号は左に三十度傾いたところで、ピタリと止まった。氷の圧迫はなくなり、ボスは混乱した船内をきちんともどすよう命じた。

その晩、隊員たちは競技場の特別観覧席に座っている人のように、傾いた甲板《デッキ》に寄りかかって座り、ひざの上に皿を置いて夕食をとった。八時に突然、船は水平にもどり、水の上に浮いた。エンデュアランス号はまたもや攻撃に耐えたのだ。

翌日、男たちは自分たちが浮かんでいる狭い開水面をじっくり観察した。水面にシャチが現れた。黒い体はぬめぬめと光り、白い部分は藻《も》で黄色く汚れている。シャチはしばらく船の横を泳いだあと、姿を消した。

氷から解放される！　男たちはいっせいに準備にとりかかった。エンジンに燃料がくべられ、見張りが立ち、浮氷から脱出できるのを待った。隊員たちは、家へ帰ったら何をしようかなどと、将来のことを話すようになった。物理学者のレジナルド・ジェイムズは、ケンブリッジ大学にもどったら死ぬまで、氷はかけらでも見るのもいやだ、と宣言した。そう思っていたのは彼だけではなかった。

ところが、水路が開けない。何日たっても、エンデュアランス号は待機したままだった。そして十月二十四日、運命の日が来た。男たちをあざ笑うかのように、再び圧迫が始まった。この攻撃は最初からあまりに激しく、しかもどんどん勢いを増していった。疑いの余地はない、今度という今度こそは絶望……。この圧迫に比べたら、今までの経験などものの数ではなかった。浮氷という浮氷がいっせいに震動し、かきまわされ、ガラガラと投げだされる。船よりも大きな氷山や氷盤が、まるで子どものおもちゃのように持ち上げられ、たたきつけられる。氷山が生き物のように、流氷をかき分けて突き進む。ドクター・マクリンは、「何かとてつもないもの、あまりにも巨大すぎて人間の理解を超《こ》える自然の力」を眼前にする思いだったと、書き記している。

エンデュアランス号は、この大激変に首ねっこを押さえつけられた。氷盤に押されるたびに、船倉《せんそう》では水が噴出した。さしもの厚い船板もメリメリと割れていく。たわんだ木材がバキッバキッと割れる音に、おびえた犬の遠吠《とおぼ》えや鳴き声が混ざった。ボイラー室では男たちが交代でポンプで水を外へ出そうと、絶望的な努力を続けていた。死にもの狂いで船にかかる圧迫を取り除こうと、シャクルトンは、男たち数人に、船の外側へ行って斧《おの》とつるはしで氷盤をたた

1915年10月19日、圧迫が激しくなった。巨大な氷盤《ひょうばん》に激突されて、船は横に傾いた。「水がどんどん漏《も》ってきた。何とか止めようとして、一晩じゅう働いた。圧迫がすごい勢いだ」とマクニーシュは書いている。

き割れと命令した。一晩じゅう、ポンプ、斧、またポンプ、と超人的な努力を要する作業が続けられた。

だがとうとう、ボスの命令が下った――救命ボート、備品、食糧の蓄《たくわ》えを船から降ろし、氷上に移動せよ。

十月二十五日の晩、八羽のコウテイペンギンが霧の中からよちよちと現れ、攻撃にさらされた船をじっと立って見ていた。それから頭をちょっとかしげると、陰鬱《いんうつ》な声を長く引いて鳴き始めた。コウテイペンギンはいくらでも見てきたが、こんなふうに鳴く声を聞いた者はいない。ペンギンの哀《かな》しげな鳴き声は、そこにいた誰の耳にも葬送曲のようにひびいた。

「あれを聞きやしたかね?」

甲板員のトマス・マクロードがたずねた。

「オレたちはもう誰一人、家に帰りつくこたあ、ねえんでしょうね?」

「そこでぼうっと突っ立っていたんじゃ、家へは帰れんぞ!」

ワイルドが声を張りあげた。

「犬を降ろせ」

シャクルトンは向きを変えると、つらい作業を再開するよう男たちに命じた。あとで日記にこう書いている。「足元で甲板《デッキ》が割れ、大きな横梁《ビーム》がたわんで、銃声がとどろくような音を立てて折れていった。ふるえが走って、吐きそうにな

一寸刻みに氷に破壊されていくエンデュアランス号。
マクニーシュの日記は続く。
「エンデュアランス号がばらばらになっていく……船尾は折れ……竜骨《キール》がもがれて、それから船の中は水でいっぱいになった」。

った」。クルミ割りにはさまれたクルミのように、船がつぶされていく。シャクルトンには、それを止めることができない。

その晩と翌日ずっと、攻撃は休みなく続いた。船尾はもぎ取られ、竜骨《キール》はくだかれた。甲板《デッキ》はへしゃげ、太い横梁《ビーム》がまるで小枝のようにパキパキと折れた。水が前方に流れ、重みで船首が下がった。男たちは最後の力をふりしぼって、ポンプで水をくみ出していた。

十月二十七日の五時、ついにポンプ作業の中止が伝えられた。続けても意味がないことは、もう誰の目にも明らかだった。船はこれ以上持ちこたえられない。シャクルトンは落ち着いた声で、全員に船を去るように命じた。

副隊長ワイルドは、グラグラする甲板《デッキ》を注意深く歩いていき、ウィリアム・ベークウェルとウォルター・ハウが疲労のあまり眠りこけているのを見つけて、二人をゆり起こした。

「降りろ。船はもうだめだ」

シャクルトンはボロボロのマストに、見おさめの旗をかかげた。かすれ声の万歳が起こり、旗は船を去る男たちを見守った。

「君のバンジョーを運び出したぞ」

シャクルトンはハッセーに言った。

「大切にしろ。いつか必要なときが来る」

それから、船を去ろうとしているオーデリーに向かって言った。

「今度という今度は、息の根をとめられたな」

「そうでもないッスよ」

オーデリーが答えた。

「こんなことでもなきゃあ、ボスは本に書くことが何もなくて、困るでしょうが」

「そう言えなくもないな」

シャクルトンが言い、二人はいっしょに笑った。

全員が船を去った。氷の牙《きば》にかかったエンデュアランス号は、今、命を終えようとしていた。

深みのおもては凍りつく

世界じゅうの雪と氷の九十パーセントは南極にある。氷には八十以上の種類があり、それぞれに名前がついているのを知っているだろうか。たとえば、砕氷《さいひょう》、パンケーキアイス（蓮葉氷《はすばごおり》）、ブレットアイス、グリーンアイス、氷晶、ニラス、モザイク氷、海綿氷、雪泥《せっでい》、蜂の巣氷、起伏氷、グリースアイス、アイスダスト、沿岸定着氷、氷上花、アイスヘイコック、アイスサドル、氷盤《ひょうばん》、カーフバーグ、氷岩、サスツルギなど、ほんの一例にすぎない。

また氷山には、いくつかの系統がある。卓状氷山（テーブル氷山）の系統には、ドーム型、水平型、塊型、斜面型、凹凸型。丸型氷山の系統には、やや丸いもの、かなり丸いもの、丸いもの。そして不均整型氷山の系統には、卓上残存型、尖塔《せんとう》型、ピラミッド型、乾ドック型、城郭《じょうかく》型、ぎざぎざ型、厚板型、屋根型などがある。

南極大陸の氷の大部分は、実は、フィルンと呼ばれる固まった雪の一種だ。雪は積もるにつれて、雪に含まれていた空気が押し出され、固まってくる。最終的には空気は全部押し出されて、密度の高い、重い氷となる。この凝縮《ぎょうしゅく》作用から、青い氷《アイス・ブルー》が生み出されることもある。

氷のかたまりは氷河となって、陸地をゆっくり移動していき、やがて海岸に到達する。海岸では毎年五千から一万の氷山が氷床《ひょうしょう》から離れて、海に流れこむ。氷山の多くはあまりに巨大なので、風化の方式はそれぞれ異なる。記録によると、これまでに生まれた最大の氷山は一九五六年に発見されたもので、ベルギー一国とほぼ同じ大きさ（約三万一千平方キロメートル）。また、最も北で発見された氷山は一八九四年のもので、大西洋上の南緯三十六度の位置に到達していた。これは南回帰線のすぐ南で、何とブラジルのリオデジャネイロと同緯度だ。氷山はただよっているあいだに下から海水に侵食され、あるとき突然ひっくり返り、逆さのまま旅を続ける。そのあとも侵食は続き、氷山は再び反転、そしてまた反転。そして最後には侵食されつくして、解けてなくなる。

氷山は大陸の氷河から分離するときに、地面からこそげ取ったミネラルを運んできて、そうした栄養分を水中に放出する。また、氷山は解けるときに、何世紀ものあいだ氷に閉じこめていた大気中の栄養分をも放出する。このように栄養分が常に入りこんでくるおかげで、南極海の水は豊かで、多くの生命を育《はぐく》んでいる。

もちろん、大陸のまわりの海水も氷になる。海水は淡水《たんすい》よりも凍結しにくい。

塩そのほかのミネラルの濃度によっても異なるが、だいたいは零度《れいど》より二〜三度低くなったところで凍結する。水温が下がると、まず表面の水が凝縮し始める。個々の氷晶が核のようになって、まわりの水はこの核にくっつくようにして凍っていく。このとき、塩は下の水の中に押し出される。こうしてできる厚ぼったい氷の層ニラスは、柔らかく、水と氷の中間のようなグシャグシャしたものだ。ニラスに風が吹きつけると、表面が、薄くて丸いパンケーキ・アイスになる。端が少しめくれあがっているので、蓮《はす》の葉にも似ており、蓮葉氷とも呼ばれる。気温が下がり、凍結が続くと、パンケーキは集まって固まり、一枚の板となる。これが氷原だ。水は凍るときに塩を下に押し出すので、氷原の下の水には塩とミネラルが充満している。しかし、氷自体は真水《まみず》で、解かせば飲料水にすることができる。

海水が飲み水に変わる、この変化に注目してほしい。このおかげで、氷結した海で船が難破することは、必ずしも確実な死を意味するわけではない。

氷との戦いに敗れ、疲れきった乗組員たちがエンデュアランス号を捨てて氷原に降り立ったとき、あたりには希望を抱かせてくれるものは、かけらさえ見あたらなかった。船は徹底的に破壊され、廃物《はいぶつ》の山となった。船のそばに、船から救出した大切な道具や蓄《たくわ》えが散乱していて、ゴミ捨て場のようだ。犬は口ープを引っぱってはやたらと動きまわり、うなったりかみつき合ったりしている。

隊員たちは激しかった戦いに打ちのめされて、ボロ布のようにズタズタになりながらも、もぐりこんで寝るためのテントを張ろうとしていた。寝袋は十八しかなかった。もともと陸の旅のために用意したものだ。くじ引きをして誰がそれを取るかを決めた。寝袋のない者は、毛布で間《ま》に合わせるしかなかった。トム・クリーンは雪眼《ゆきめ》（雪が反射する日光を目にすることで、一時的に目が見えなくなる状態。極地を旅行しているとやられやすい）にかかっており、手を引いてもらわなければテントに入ることすらできなかった。その晩、テントの下の氷は、クジラが下からこするせいで、グラグラゆれた。

「船は修復の望みがまったくないほど破壊され、捨てざるをえなかった。でもわれわれは生きている。全員が生きている。そしてこれから成すべき仕事のための蓄えと装備もある。今後成すべき仕事とは、探検隊員全員が無事、故郷に帰り着くことだ」。シャクルトンは翌朝、日記に記した。

シャクルトンにとって選択肢はごくわずかだった。すでに船は流氷に乗って、北西へと千五百キロ流されていた。とはいえ、南アメリカ大陸の先端はまだ三千キロ以上先であり、もちろん歩いてはたどりつけない。彼らには十分な食糧も銃もマッチもあったし、犬もいた。しかし、ここは地球の底、南極であって、ほかの場所とはわけが違う。状況は、どんなに控えめに言っても「絶望的」だった。

シャクルトンは、副隊長ワイルドと静かに話し合ったあとで、隊員たちに計画を発表した。＊三隻《せき》の救命ボートのうちの二隻を携《たずさ》えて凍った海の上を歩き、五百五十七キロ北西にあるポーレ島に向かう。ポーレ島には一九〇二年にスウェーデンの探検隊が建設した小屋があり、そこに道具や食糧が貯蔵されていることを、シャクルトンは知っていた。目的地に着いてからどうするかははっきりと決めていない。とりあえず目的地が決まれば、それで十分だ。そこに着いたら、次のステップを考えればよい。

しかし、＊五百五十七キロというのはとんでもない距離だ。その距離を、道具一式と二隻のボートを引きずって、歩いていかなくてはならない。ボートがなければ自分たちに勝算はないことはわかっていた。どこに向かおうが、行きつく先は海なのだ。氷の上を引きずっていくことがいかに過酷《かこく》な労働でも、いつ

三隻の救命ボート　シャクルトンは三隻のボートに、三人の有力な援助者の名前をつけた。「ジェイムズ・ケアード号」のサー・ジェイムズ・ケアードは、スコットランドのジュート製造業者。「ダドリー・ドカー号」「スターンコウム・ウイルズ号」のダドリー・ドカーやデイム・ジャネット・スターンコウム・ウイルズも、探検隊に大口の資金を提供した。

五百五十七キロ　日本でいえば、ほぼ東京から神戸までの距離にあたる。

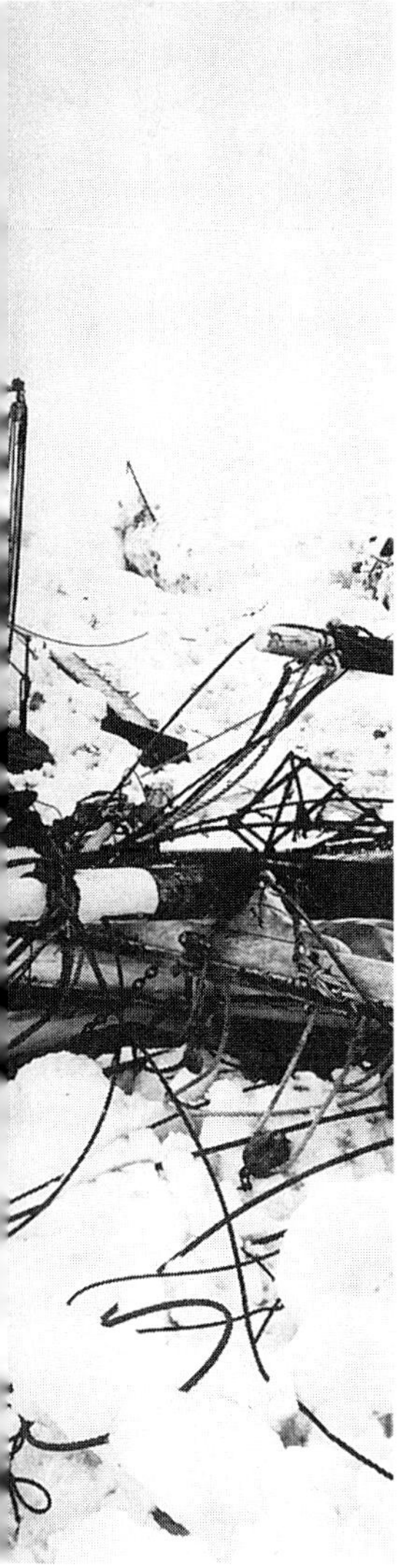

エンデュアランス号の残骸《ざんがい》を見ているフランク・ワイルド。

か必ずボートが必要なときがやってくる。休息と準備に二日間とることにして、シャクルトンは出発の日を十月三十日と決めた。

しなければならないことがいろいろあった。猫のミセス・チピーは射殺するしかなかった。船から出れば、犬に八つざきにされてしまうのは時間の問題だ。小さすぎてそりを引くことができない子犬たちも、射殺された。男たちは、すべきことを黙々とやった。

マクニーシュとマクロードが救命ボートをそりに固定しているあいだに、ほかの隊員たちは持ち物をよりわけた。個人の荷物は一キロまでと制限された。つまり、生きのびるための最低限度のものしか持っていけないということだ。とはいえ、日記とタバコは許可されたし、医師たちは医療品を持たないわけにはいかなかった。シャクルトンは、金のシガレットケースと何枚かの金貨をポケットから取りだし、雪の上に捨てるという儀式を行った。前方に待ち受けているのは、金などこれっぽちも役に立たない世界だ……。

次に、アレクサンドラ王妃から贈られた聖書を開き、ヨブ記*の一ページを引きちぎった。

誰の胎《はら》から氷は出たか
天の白霜は誰が生んだか

ヨブ記　旧約聖書のなかの信仰心厚い、ヨブという人物の物語。神に試練を与えられ、信仰心を試される。つらさのあまり、一度は神を否定しかかるが、苦難に耐え、信仰を取りもどす。

水はかくれて石のようになり
深みのおもては凍りつく

このページだけをポケットに突っこむと、重い聖書は金貨の上に捨てた。シャクルトンは、隊員たちにどうすべきかを示したのだ。生きのびたければ身軽になれ。非情になって、物への愛着を断ち切れ。そして装備ではなく、自分自身の野性を信じろ。シャクルトンはその場その場にしなやかに対応するというのを信条としている。あらゆる緊急事態に備えて、重い荷物をかついでいくのはおろかなことだ……。

時間がたつにつれ、ゴミの山は大きくなった。着がえ、本、実験道具や標本、チェスの道具、旗、ランタン、工具、裁縫道具、お守り、髭《ひげ》そり、気圧計、クシ、ハサミ、トランプ、食器、銀製品、写真などが、次々に捨てられた。何人かは、あとで長靴の修繕に使うために革《かわ》のスーツケースをとっておいた。ハッセーは歯ブラシをとっておいた。シャクルトンはハッセーに、バンジョーをとっておけと言った。これからの過酷な日々、音楽のなぐさめを必要とすることが必ずあるだろう。スプーンとナイフは、全員が一本ずつ持った。

十月三十日午後二時、旅の準備が整った。どんよりしたくもり空で、雪が降ったりやんだりしている。でも雪はたいした問題ではない。問題なのは道。こ

れから行かなくてはならない五百五十七キロが、もし平らな氷原だとしたら、旅は可能かもしれない。だが、かなたの白い水平線まで、一面に広がっているのは、穴と割れ目だらけの破壊された光景だった。まるで巨大な手が、凍りついた大地の顔をたたきつぶして、無数の残骸《ざんがい》にしたようだ。たたき割られた氷盤が、あらゆる角度に傾いている。白い巨大な毛布を乱雑にかき寄せたような山がそびえ立っている。嵐の海がそのまま凍りつき、高波がそのまま固まったとしても、これほど荒れ果てた風景になっただろうか？　これから横断しようとするのは、そういう五百五十七キロだった。しかも、浮氷《ふひょう》が向きを変えてとんでもない方向に運ばれないとしたら、の話だ。

シャクルトン、ワーディ、ハッセー、ハドソンのそりが先発隊となって、ギザギザの氷が転がっているなかを、通行できそうな道を探った。シャベルとつるはしと斧《おの》で、道を切り開いていく。その後ろに犬ぞり隊が続く。犬ぞりは、それぞれが四百キロの荷物を積んでいた。

ジェイムズ・ケアード号をそりに乗せて引いていく隊員たち。
次の目的地まで氷の上を歩こうとしている。
なめらかな氷の上ならともかく、
破壊されて激しくでこぼこのできた氷の上を行くことは不可能だった。

しんがりはボートを乗せた二台のそりを、残りの隊員たちが全員で引いた。食糧や道具を積んだボートは、一トンを越えている。十五人の男が引き具をつけて、一度に一隻のボートを引き、雪に吹きつけられながら氷の上を行く。そして五百メートルごとに止まっては引き返し、二隻めのボートを引いて前進する。シャクルトンは、氷の圧迫がまだ続いていることを心配していた。もしチームとチームのあいだに亀裂《きれつ》が入ったら、悲惨なことになる。そのために、人とボートのあいだを常に短く保ち、五百メートルずつ小きざみに進むという骨の折れる方法をとった。上り坂でボートを引きずり上げるためには、犬ぞり隊が犬をいったんはずし、ボートのほうにつなぎかえて、人間と犬とで引かなければならないこともひんぱんにあった。

湿った重い雪をかき分け、ギザギザの氷の山のまわりをまわり、骨もくだけよとばかりに二時間そりを引いて、たった一キロ半進んだだけだった。ずぶ濡れになり、疲労のあまり無感覚になった男たちは、夕食をかきこむとテントに倒れこんだ。

夜のうちに雪が降った。おかげで翌日重労働を再開したときには、歩きにくい雪泥がいっそう重くなり、歩行はより困難になっていた。しかも、水分をふくんだ重い雪が、まだ降り続いていた。

三時間たって、一キロちょっと進んだだけだった。この時点で、ボスは停止を指示した。彼もワースリーも、氷の上を無理やり進むことでボートが傷つくことを恐れた。こうしていても埒《らち》があかなかった。

そのとき彼らがいたのは、大きくて平らな氷盤の上だった。直径が八百メートルはありそうだ。まわりを見渡しても、これほど固くて平らな氷盤は見あたらない。ここでキャンプするのがいいだろう。男たちは湿った雪の上にテントを張り、寝袋にもぐりこんだ。シャクルトンは行く手を偵察してみたが、前進できそうもなかった。

翌朝、シャクルトンは、この場所にとどまると発表した。彼らの乗ったこの氷盤は北へただよっているはずで、もっとポーレ島に近い位置まで彼らを運んでくれるだろう。ほかの方法は考えられない。シャクルトンはコックに、食事に獣脂《じゅうし》のかたまりをたっぷり入れるように命じた。アザラシは分厚い脂肪《しぼう》の層のおかげで、体温を保っている。アザラシの脂肪は、男たちの貴重なカロリー源となり、身体が凍《こご》えるのを防いでくれるだろう。脂臭《あぶらくさ》かろうが生臭《なまぐさ》かろうが、今や、この味に慣れるべきときだった。

オーシャン・キャンプ

続く数日間、男たちは何度も、難破船とそのとなりの〝ゴミ捨て場〟にもどって、回収できるものを回収してきた。三隻《せき》めの救命ボートも持ってきた。貴重な食糧、たとえば何箱分ものナッツ、砂糖、大麦、小麦粉、ジャムなどもそりで運んだ。持ち帰った食糧は三トンを越えた。

大工のマクニーシュは、エンデュアランス号の甲板《デッキ》から釘《くぎ》を抜いて、せっせと集めた。使えそうな材木も運んできた。あわてて捨てた私物、とくに本を取りもどそうとする者もいた。隊員たちは、この場所を「オーシャン・キャンプ」と呼ぶようになったが、これから時間がたっぷりあって、することは何もない、とわかっていた。

ハウとベークウェルは、甲板《デッキ》の下の船室を満たしていた冷たい水の中にもぐって、暗室から大切なものを取ってきた。フランク・ハーレーのガラスの写真板が入った箱だ。四百枚以上の写真板が入っていたが、どれもがエンデュアランス号の航海と受難の貴重な記録だった。しかし、すべてを持ち帰るにはあまりにも重すぎた。そのためハーレーは、残しておくわずかな写真を選ぶという、胸が張りさけるような作業に取り組まなければならなかった。

彼とシャクルトンは、雪の上に座って傑作《けっさく》写真だけを選びだし、迷いが出ないように、不合格としたものはその場を去るとき、たたき割った。最終的に、写真の数を百五十にまで減らした。ハーレーは、コダックのポケットカメラと三本のロールフィルムをとっておいた。これから先の放浪の旅は、このカメラで記録することになる。

ハーレーはすぐれたカメラマンだったが、ほかのことをやらせても器用だった。わずかな工具を使って、料理用のコンロを二つこしらえた。

オーシャン・キャンプでは、まだいろいろな用具や備品が残っていた。
スキーや英国王ジョージ５世から送られたユニオン・ジャックもあった。

ひとつは、船のボイラーの灰を捨てる筒を利用したもの。もうひとつの小さいほうは、灰を入れるバケツでつくった。燃料にはアザラシの脂肪《しぼう》を使う。これで、大鍋《おおなべ》いっぱいの氷を三十分で沸騰《ふっとう》させて、約十リットルの湯をわかすことができた。

大工が、船の操舵室《そうだしつ》を解体した材木でキャンプの台所を建て、中に大きいほうのコンロを取りつけた。このコンロはみんなから「ホット・ポテト缶《かん》」と呼ばれた。コックはさっそくこの新しい台所を使って、温かいシチューと紅茶とココアを出した。燃料のアザラシの脂肪からは、脂《あぶら》っこい煙がもくもくと出るので、コックの顔は真っ黒になり、しょっちゅう咳《せ》きこんだり息を詰まらせたりして外へ飛び出した。それでもコックは陽気さを保っていた。

シャクルトンは、緊急時に備えて一人一人に仕事を割り当て、それを書きとめてテントにはっておいた。また、いつ、なんどき、訓練のためにニセの警報を出すかわからないので、準備をおこたらないようにとみなに伝えた。

十一月が来た。六日にはブリザードがあったとはいうものの、南極の夏が盛りを迎えていた。十一月十二日、気温はついに零度《れいど》を越え、二度近くまで上昇。暖かいので、雪で身体を洗う者もいた。いつもは水が貴重なうえに寒すぎるため、身体を清潔にすることなど、ぜいたくすぎる望みだった。用を足す場合も、

オーシャン・キャンプの台所。
エンデュアランス号から回収した木材で建てた。

手ごろな氷丘《ひょうきゅう》を見つけ、陰にかがんでプライバシーを保つのが精一杯だ。

彼らが乗っている氷盤《ひょうばん》は、アザラシの脂から出る煤《すす》、犬の糞《ふん》、アザラシの皮、ペンギンの頭などのせいですぐに汚くなった。しかし、誰もが不平をこぼすことなしに、ここのやり方に適応した。みんなは生きている。それに比べたら、汚いことが何だというのだ。

流氷は、オーシャン・キャンプを乗せたまま、毎日着実に五キロずつ北へ移動していた。がまんしてさえいれば、氷が目的地にもっと近いところまで運んでくれるだろう。待つこと……。船に閉じこめられていたときと同じように、今できるのは待つことだけだった。だが今度はできることはもっと少なく、不快なことははるかに多かった。

住居はぎゅう詰めだった。二十八人の隊員のために、キャンバス製のテントが五つ。拾ってきた板を敷く者もいれば、アザラシの毛皮を敷く者もいた。しかし、どんな工夫をしようと、上昇した気温と身体の熱のせいで、テントの下の雪はいつもジュクジュクと解けだしている。男たちはいつもびしょ濡れだし、大事なものを濡らさないようにとやっきになっていた。濡らしたくなければ、木切れで貧弱な棚をつくってそこに置くか、テントの支柱からつるしたり、空缶にしまうしかない。暖かい日に、男たちが氷盤の上で仕事をしていると、ゆるんできた氷が足元でくずれ、冷たい水の中に腰までつかってしまうこともしばしばだった。

このころは、みじめではなかった。太陽は一日二十時間以上照っているし、間違いなく北へ向かっているとわかっていたから、気分は明るかった。北へ行けば氷は開けるだろう。そうすればボートを水に降ろすことができる。

ワースリーは、海図を調べては、どういう針路が可能かを検討した。海図に、ポーレ島、エレファント島、クラレンス島までの針路、そして最後に寄港《きこう》したサウスジョージア島までの針路を描《か》きこんだ。毎日六分儀《ろくぶんぎ》*を使って観測し、現在位置を算出する。隊員たちは、どれだけの距離を進んだかを聞くのを楽しみにしていた。西や東に無駄な距離を進んだ日もあれば、北への道のりをたっぷりかせいだうれしい日もあった。ゆっくりと、でも確実に、彼らを捕《と》らえた南極はその檻《おり》を開きつつあった。

大工のマクニーシュは、ボートの修繕《しゅうぜん》に忙しかった。航海に耐える力を少しでも強めようと、ボートの縁《ふち》を高くしていた。エンデュアランス号から集めてきた古材と、貴重な中古の釘が使われた。「持っている道具といえば、ノコギリ一本、かなづち、ノミと手斧《ちょうな》、これで全部だ。でもうまくやっている」と日記に書いている。つけたした板の継ぎ目には、マフラーをほどいた毛糸を詰めた。詰めた毛糸を固めるために、画家の持っていた油絵の具を上から塗りこめた。彼の工夫は賞賛に値した。

六分儀 観測者から見た二つの物体の方向の角度を精密に測定する装置で、手に持ったまま使う。中心に回転する鏡があり、そこに反射する星の像と前方の水平線とを望遠鏡の視野内で重ね、高度を測る。

ほかの連中も、自分にできることに没頭した。マーストンは残っている絵の具を使い、箱のふたをカンバスにして絵を描き続けた。気候が暖かくなり、アザラシやペンギンがもどってきたので、残りの隊員は狩りに精を出していた。

ある午後、マクリン医師と一等航海士のライオネル・グリーンストリートがアザラシを探しに出かけた。二人は小さな氷盤が浮いているのを見つけると、それに飛び乗って、いかだに乗った少年のように、スキーのストックで漕《こ》ぎまわった。しかし、シャクルトンはそれを見て、苦《にが》い顔をした。彼は不必要な危険を嫌い、考えなしのおふざけには断固反対した。ヒョウアザラシやシャチが水面に出てきて、あっというまに人間をエサにすることが十分ありえたからだ。

一九一五年十一月二十一日の夜は、忘れられないものとなった。男たちはテントの中で横になって、本を読んだりトランプをしたりしていた。シャクルトンはいつもと同じように落ち着かない気分で、見張り台として使われていた氷

左はシャクルトンとワイルド。そしてほかの隊員たち。
オーシャン・キャンプでのおだやかな日。

の丘に立っていた。テントの中の男たちは、突然ボスの叫び声を聞いた。

「船が沈むぞ！」

隊員たちは転がり出てきて、エンデュアランス号の最期《さいご》を目撃した。二キロ半向こうで、まず船首が下がっていった。短い時間で船は沈みきってしまい、その上を氷がぴったりとふさいだ。

「午後五時、船は頭から沈んだ。最後に船尾が、……水の下に入った」。その晩、シャクルトンは日記に記した。「私はこのことについては、書くことができない」。

船が沈没し、姿を消してしまったことで、隊員たちはがっくりと落ちこみ、悲嘆《ひたん》にくれた。エンデュアランス号は、たとえ残骸《ざんがい》になっていても、彼らがあとにしてきた世界との目に見えるきずなだったのだ。今や彼らは、氷の海にポツンと取り残され、完璧に孤独だった。

ぎゅう詰めのテントの中では、みな、自制心が働かなくなり、カッとすることが多くなった。シャクルトンはみんなのイライラを防ぐために、ときどきテントのメンバーの入れ替えをした。入れ替えの口実は、けんかをやめさせるためという本当の理由以外の、別の理由をでっちあげた。しかし、メンバー移動のたびに必ず、生きのびるためにはおたがいに協力する以外道はないということを、全員にはっきりと思い起こさせた。

いつまでも、ここで巣ごもりをしているわけにはいかなかった。春が過ぎていくにつれて、乗っている氷盤の端が解けだしてきた。大きなかたまりがくずれ落ちることもあった。そのうえ、キャンプのまわりにたまった黒い煤やゴミが太陽の熱を吸収し、氷盤の表面はビショビショと解けてきた。

十二月一日、ボスは、五十メートル先の新しいきれいな場所に移動して、もっと固い氷の上でキャンプを始めると決定を下した。そして十二月五日、サウスジョージア島を出発した記念日を祝して、その日を休日とした。

そうしているあいだに、氷の流れは東向きに変わり、彼らは目的地から遠ざかり始めた。シャクルトンと最も信頼のおけるスタッフは、どうすべきか話し合いを重ね、いつでも動けるよう準備していた。東には果てしない大海が広がっている。何としても西へ向かわなくては。このまま東に流されるようなら、また氷の上を歩いて西へ向かうしかない。

マクリンは、もしも誰かが夜中にひょっこりやってきてオーシャン・キャンプを見つけたら、目にするのはどんな風景かを記述している。「訪問者は、夜中でも明るいことに気づくだろう。この緯度では、夏には太陽は沈まないのだ。キャンプに入るには、チームごとにつながれた犬の行列の前を通らなくてはならない。犬のそばには荷物を積んだそりがある。そりの引き具は整えられていて、犬につける準備ができている。そりの積み荷はしっかりくくりつけられており、何かがあればただちに出発する用意ができている」。

十二月の最初の三週間、流氷は常に東に向かって流れ続け、南極半島やその近くの島々から遠ざかっていた。シャクルトンの不安はつのった。しかも、氷盤が急速にくずれてきている。

十二月二十一日に、ついにボスは決定を下した。キャンプをたたんで、氷の上を西へ向かい、島に近づく努力をしよう。二十二日はクリスマスを祝って過ごす。そして十二月二十三日にポーレ島を目指して出発しよう。今は南極の真夏だった。これから天気は下り坂に向かうだろう。

シャクルトンは、そのクリスマスを盛大に祝うことにした。みんなに食べたいだけ食べさせた。「私たちは、残っていたぜいたく品を、ほとんど食べつくした」とのちに書いている。「これを最後に、続く八ヵ月間、満足するだけ食べられることはなくなった。オイル漬《づ》けのアンチョビ、ベークドビーンズ、野ウサギのシチューと並んだところは豪華だった」。ハムとソーセージ、缶《かん》入りミルク、ビスケット、コーヒー、ピクルス、パースニップ*、桃と、ごちそうは続いた。

そして二十三日、男たちは再び引き具をつけて、ボートを乗せたそりを引いていくという過酷《かこく》な労働を再開した。

パースニップ　根を食べるセリ科の植物で、日本名は、アメリカ防風《ぼうふう》、オランダ防風、清正ニンジン、白ニンジンなど。味はニンジンに似ているが、糖分を含んでいて濃厚。ニンジンと同様、スープやシチューなどに入れる。

反乱

極地探検にまつわるいろいろな話のなかで、いちばん忌《い》まわしいのは、サー・ジョン・フランクリン*による北西航路探求の旅の悲劇だろう。一八四五年、北大西洋と太平洋を結ぶ航路を探す目的で、フランクリンは二隻《せき》の英国海軍船、エレバス号とテラー号を率いて北極に乗り出した。しかし、総勢百二十九名の乗組員は、一人も帰ってはこなかった。

北極海に消えた大探検団の謎《なぞ》を追って、イギリスから四十隊以上もの捜索隊が派遣された。そのうちの少なくとも十隊は、隊長の未亡人レディー・フランクリンが個人で資金を提供したものだ。しかし、これだけの捜索隊にもかかわらず、謎の一端が解明されたのは十四年もあとになってからだった。

一八五九年に、レディー・フランクリンの送り出した捜索隊が、北極圏内のカナダでフランクリン探検隊の遺骨と遺品の一部を発見した。遺品のなかにあった航海の日記によると、エレバス号とテラー号の二隻の船は、氷にはさまれて遭難《そうなん》。動きのとれなくなった船の上で、九ヵ月後にフランクリン隊長は死亡

ジョン・フランクリン 一七八六年〜一八四七年。イギリスの北極探検家。三度めの探検で消息を絶ち、全員死亡の悲劇となった。フランクリン海峡にその名を残している。

した。それからさらに十ヵ月後、乗組員は船を捨て、氷からの脱出を試みた。しかし移動開始後、三日たったところで日記はとぎれていた。反乱、精神錯乱、脱走、人肉食といった恐ろしい事件が次々に起こり、醜悪《しゅうあく》をきわめた混乱があったらしい、と人々はうわさした。

シャクルトンの隊員の誰かが、そのレディー・フランクリンが送り出した捜索隊のことを書いた『フォックス号の航海』という本を持っていたが、それも今は、オーシャン・キャンプに残された不要品の山の中に捨ててあった。エンデュアランス号の隊員たちに残されたのは、絶対に必要不可欠というものだけとなった。その必要不可欠な荷物を、彼らはあえぎながら引いている。

彼らのはるか西の南極半島には、エレバス号とテラー号の名前にちなんだエレバス・アンド・テラー湾があった。二隻の船は北極で姿を消す以前に、南極探検に使用されていたために、湾にその名前を残していたのだ。隊員たちは、フランクリンの航海に関する話をよく知っていたから、自分たちが直面している危険を十分承知していたはずだ。不確かな目的地に向かって、くずれかかった氷の上を重い荷物を引いているときに、悲劇の航海のことが彼らの頭をよぎっただろうか？

シャクルトンは、行動に取りかかれば隊員は活気づき、心がひとつにまとまるだろうと期待していた。ところが実際はその逆で、不満と怒りとが日ましに高まっていった。

船乗りのなかには、エンデュアランス号が沈没した今では給料も出ないだろう、それならシャクルトンの命令に従う義務はないはずだ、と不平をこぼす者もいた。加えてワースリーが、ボートのことで始終気をもんでいた。シャクルトンは救命ボートのうちの一隻、スターンコウム・ウイルズ号をオーシャン・キャンプに残した。しかし、海に出たときに全隊員をジェイムズ・ケアード号とダドリー・ドカー号に詰めこむのは、絶対とは言わないまでも、ほぼ不可能であることがワースリーにはわかっていた。重みのせいでボートの喫水線《きっすいせん》は深くなり、あやつるのは至難《しなん》のわざだろう。

しかし、三隻のボートを全部引っぱっていくことは、それこそ不可能だった。実際、ボートを引く男たちは雪と氷のぬかるみにひざまでつかり、一歩進むごとに長靴は凍るような水であふれた。

彼らは夜間に進んだ。夜のほうが冷えて、浮氷《ふひょう》の表面がわずかだが固まるからだ。それでも、その苦役《くえき》たるや言語に絶するものだった。前回と同じに、一度に一隻のボートを五百メートル運んではとぼとぼと引き返して、二隻めのボートを取りに行く。二隻めのボートにたどりついたときには、そりの滑走部が凍って、氷原に張りついていることがよくあった。これを引きはがすためには、荷馬車を引く疲れ果てた馬のように、三度も四度も前につんのめって、あらんかぎりの力を振りしぼらなければならなかった。

犬ぞりチームも必死で道を切り開いたが、三日間で進めたのはたったの十キロだった。ボートさえなければもっと速く進める。しかし、ボートがなければ彼らに生きのびるチャンスはなかった。いつかは氷原がとぎれ、目の前に大洋が広がるのだ。どうしてもボートは運んでいかなければならなかった。

十二月二十七日、シャクルトンが道を切り開いてもどってくると、ボートを運んでいるはずの男たちが何もせずに突っ立っていた。汗と海水にまみれた男たちは、シャクルトンの目を避けて、不安そうに足先で雪をつついていた。頭の上でウミツバメが一羽、円を描きながらこの情景を見ている。かんかんに腹を立てたワースリーとかたくなに黙りこんだ大工のマクニーシュとが、にらみ合っていた。マクニーシュはもう一歩も進まないつもりだった。

海軍法のもとでは、船の乗組員は船が沈んだ時点で義務を免除される。職務は打ち切られ、給料は止められる。船上の経験が長いマクニーシュは、自分なりに海軍法を知っており、エンデュアランス号の船員契約も消滅したと信じていた。ワースリーだろうがシャクルトンだろうが、もう誰の命令にも従うつもりはなかった。もううんざりだ、オレをほっといてくれ!

これは指揮官シャクルトンに対する初めての反逆だったが、重大な結果を招く恐れがあった。全員が団結していてさえ、生きのびる可能性はほんのわずかなのだ。もしばらばらになり、勝手な行動をとったりしたら、そのわずかな可能性も消える。このときは、誰もマクニーシュの肩を持つ者はいなかった。後ろにとどまることは死を意味したからだ。

しかしシャクルトンは、探検隊が崩壊すれすれのところにあることを感じていた。船が沈んでからというもの、マクニーシュだけでなく、ほかの船乗りたちも、職務や給料があるのかないのかと苦情を言っていた。また、学者たちはこのような厳しい生活には慣れておらず、心身ともに衰弱《すいじゃく》していて、いつ倒れても不思議はなかった。いったん誰かが氷の上に座りこみ、動こうとしなくなったら、その男を動かすには暴力をふるうかおどしをかける以外、手はないだろう。

シャクルトンはそりから書類を持ってくると、静かな、落ち着いた声で船員契約を読みあげた。この契約は普通の契約とは少し違っていたが、契約には確かに一人一人のサインがあった。

隊員の職務は、どの職務も例外なくほかの職務と交代されうる。……隊員は、船またはボートまたは陸地のどこにあろうとも……規律正しく、誠実かつ正直、真摯《しんし》な態度で行動し、いかなるときも各自の任務にはげみ、上述の最高責任者の正当な命に従うことに同意する。

シャクルトンは最高責任者であったし、彼らはそのとき陸地にいると解釈できた。最高責任者への不服従は合法的に罰しうる。船員契約は打ち切られてはいないし、乗組員の給料も同じである。

船乗りたちが、いちおう納得したようすを見せたとき、シャクルトンはマクニーシュをわきへ連れていき、静かに二、三の言葉を交わした。たぶん、反乱に対する処罰は死刑であることを思い出させたのだろう。短い休憩のあと、男たちは疲れたようすで再びボートに戻り、マクニーシュもほかの者といっしょに持ち場についた。

消耗《しょうもう》しきったそりの一団は、もう一晩、氷の上を這《は》うようにして進んだが、たった四キロ移動しただけだった。進めば進むほど、行く手はけわしくなった。氷が薄すぎて、重い救命ボートを引くと亀裂《きれつ》ができ、水びたしになってしまう。あちこちにくだけた氷盤《ひょうばん》やら氷山やらが乱立している。しかも、思いもかけぬところに開水面が口を開けていて、水中に落ちる危険もある。まったく、どちらを向いても進むことは不可能に思われた。

次の日は、古くて大きい頑丈《がんじょう》そうな氷盤に退き、キャンプを張ったが、そこも期待したほど安全ではなさそうだ。前進は不可能だった。といって、オーシャン・キャンプへもどることも今では不可能だ。そりで行くには氷が軟らかすぎるし、ボートで行くには開水面が足りない。安全なキャンプ地を求めて、短い距離をあちらに行き、こちらにもどった。

やっとのことで新しいキャンプを設営したが、オーシャン・キャンプをあとにした利点は何ひとつないように思われた。いったい何のためにあんなに苦しい移動に耐えたのか？　今度の氷盤は前より小さくて安定性も悪い。そのうえ、エンデュアランス号から持ち出したいろいろなものを捨ててきてしまっている。たとえば材木。材木がなければ、テントの下に乾いた床をつくることはできなかった。

一九一五年十二月三十一日の日記に、シャクルトンは書いている。「古い年が今日で終わる。新しい年が幸運をもたらしてくれ、この不安な日々から無事脱出できることを、そしてはるかかなたの愛する人々の上に平安のあらんことを祈る」。

はるかかなたの愛する人々が、もし彼らの姿を見たなら、悲しみのあまり胸がつぶれてしまっただろう。この孤立した二十八名の男たちほど、あわれで絶望的な存在はなかった。陸地から三百キロも離れたくずれかかった氷盤の上で、動きがとれなくなってしまったのだ。彼らは新しい住みかを「忍耐《ペイシエンス》キャンプ」と呼ぶことにした。

忍耐、忍耐、忍耐

一月一日、オーデリーが氷盤《ひょうばん》の端近くをスキーで通ったとき、体長が四メートルもありそうな牙《きば》のあるヒョウアザラシが、突然水中からはね上がり、彼に向かってすごいスピードで這《は》い進んできた。オーデリーが恐怖の叫びをあげ、キャンプへ逃げ帰ろうとしているうちに、ヒョウアザラシは海に飛びこみ、姿を消した。ところがオーデリーが氷盤の反対側に着くと、さっきのヒョウアザラシがグワッと口を開いて、いきなり、水中から目の前に飛びだすではないか。オーデリーは、悲鳴をあげながらあともどりしようとした。

このとき、半狂乱の叫びを聞いたワイルドが、ライフルを手にテントから出てきて、さっと片ひざをつき、銃をかまえて発砲し始めた。猛烈にオーデリーをののしりながら……。

今やヒョウアザラシは、ワイルドに向かっている。ワイルドは何度も何度も発砲した。けものがついに倒れたときには、十メートルも離れてはいなかった。キャンプじゅうが息を飲んで見守っていた。

新しいキャンプでの生活は、ヒョウアザラシにおそわれるという不吉な事件で幕を開けた。オーシャン・キャンプより状況がいっそう悪化したのを、みんながひしひしと感じていた。まず持ってきた道具や食糧が少ない。氷は軟らかくなりすぎて歩くこともスキーをすることもできず、氷のぬかるみの中を四つんばいで這わなければならないこともしばしばだった。しかも、彼らの真下の暗い海では、腹を減らした猛獣が泳ぎまわっている。ヒョウアザラシは人間を新種の食糧だとでも思っているようだった。

一方、人間の食糧となるアザラシがあまり見あたらなくなった。あたりにいることはいるが、数が減っている。手持ちの食糧が底をつき始めて、危機感がつのった。

一月十三日、シャクルトンは、犬を殺さなければならないと告げた。犬たちには一日一匹のアザラシが必要だが、その一匹で全隊員が数日間生きのびることができるのだ。氷の状態がよければ、オーシャン・キャンプへ食糧を取りに行けるかもしれないので、ハーレー、マクリン、グリーンストリートの犬ぞりチームは残しておいた。しかしほかの犬は、一匹ずつ大きな氷のかたまりの後ろに連れていかれ、射殺された。

十五日には強風が吹き始め、時速百キロを越える風が六日間続いて、キャンプを北へと流してくれた。二十一日には、ワースリーの天体観測によれば、彼らは南極圏を抜け出した。シャクルトンは特別に、一杯の温かいヴァイロル（粉末飲料）を全員に配ってこれを祝った。

みなが北へ進むことを望んでいた。しかしワースリーとマクリンほか何人かは、ボートのことで気をもんでいた。ワースリーには、全員がたった二隻《せき》のボートで広い海を渡れるとは思えなかった。そのため、毎日しつこく、スターンコウム・ウイルズ号を取りにオーシャン・キャンプへもどることを、シャクルトンに求め続けていた。

一月二十二日、氷の小山に登って観測していたワースリーは、キャンプを北へと吹き流した風のせいで氷が固まったこと、そのうえオーシャン・キャンプがこちらに吹き寄せられていることを発見した。

シャクルトンはなかなか決断を下せないでいた。浮氷《ふひょう》の状態はひどいものだが、これ以上よくなりそうにない。もし三隻めのボートを取りに行くのなら、あとに延ばすよりは早く実行したほうがよい。

月の終わりに、ついに決定を下した。危険を冒《おか》すことになるが、ボートを取りにもどる……。二月一日午前一時、ワイルド副隊長をリーダーにして、十八名の男が忍耐《ペイシェンス》キャンプを出発した。残りの隊員は待つことになったが、緊張と不安、そして絶望感のあまり泣きだす者もいた。

オーシャン・キャンプにたどりついたハーレーは、のちに次のように書いている。「オーシャン・キャンプは、まるで盗賊に踏みにじられ、打ち捨てられた村のように、みじめでわびしい姿をさらしていた」。男たちは残っているものをあさり、ボートに積んで、帰路についた。

忍耐《ペイシエンス》キャンプでは、シャクルトンが見張りに立っていた。四本のオールをまっすぐ雪に突き立て、そのまわりをキャンバスで囲んだ新しい台所では、コックがホットポテト缶《かん》の火を保っていた。午前十一時、シャクルトンは男たちが帰ってくるのを遠くに認め、温かい紅茶の入ったやかんを持って迎えに走った。正午を少し過ぎたころ、スターンコウム・ウイルズ号と残してきた荷物が無事キャンプに到着した。

犬たちが、マクリン隊だけを除いて射殺された。ハーレーの胸は張りさけそうだった。「私は心臓を切りきざまれる思いで、老リーダー犬のシェイクスピアにさよならを言った。あれほど苦労をかけたのに……なんにも報《むく》いてやれなかった。あれほど忠誠をつくしてくれた友を……私は冷酷にも殺害した。しかし、ああ、ほかにとるべき道がない。食糧はとぼしく、いつかは犬を殺すしかないのだ。犬はボートに乗せては行けないのだから」。

そして今や、待つこと以外、本当に何もすることがなかった。ほとんど肉ばかりという食生活が、隊員たちを苦しめた。便秘とガスによる腹の張り、彼らの言葉では「キーキー鳴く腸」が、それでなくても厳しい生活をいっそう不愉快なものにした。小麦粉があっても、イースト菌がないのでパンが焼けない。イースト抜きのポロポロするスコーン＊で代用するしかなかった。

食事のほかにも問題はいろいろあった。風のためにしょっちゅう涙が出るが、涙が頬《ほお》を伝って落ちるとき、小さなつららができる。これをはがすと、どんなに気をつけても皮膚も少し裂《さ》けてしまうのだった。犬にかまれたりナイフで傷つけたりした手の傷に、たびたびアザラシの血中の菌が侵入したが、炎症《えんしょう》を抑える薬はなかった。

氷盤の表面が十分固いときには、男たちは行ったり来たりと歩いてできるだけ運動するようにしていたが、ヒョウアザラシを警戒することは忘れなかった。シャチを病的なまでに恐れている者もいた。シャチが、小さくなっている氷盤を下からこわし、みなが海に落ちたところを一人ずつ喰《く》うのだと……。

隊員たちは、とりつかれたように風のことばかり考えるようになった。風力は、風向は、乾いた風かそれとも湿っているか……。彼らはどうしようもなく寒くてみじめで、そのうえとことん不潔だった。最後に残った石けんが一個だけ、獣脂《じゅうし》コンロから立ちのぼるベトベトした煙の中で一日立ちっぱなしのグリーンのために取ってあった。彼らはこの閉じこめられた状態を、いつとはなしに「氷河時代」と呼ぶようになった。

スコーン　イースト菌を使わずに小麦粉を練《ね》って焼いた、イギリスのお菓子。

極寒地《ごっかん》では、吐く息の水分が口髭《くちひげ》の上で凍りついて「息のつらら」となる。
写真のモデルになったのは、一等航海士のライオネル・グリーンストリート。

エンデュアランス号での愉快な時間つぶしや娯楽は、ここでは忘れられていた。もう誰も、ジェスチャーや詩の朗読、こっけいな歌を歌って楽しもうという気にはなれなかった。単調さに区切りをつけるのは食事だけで、食事が終わるとまた次の食事を待った。数少ない本を繰り返し繰り返し読んだ。

アザラシの見張りが置かれ、氷の状態がよければアザラシ狩りに出かけた。アザラシが見つからないこともしばしばで、ペンギンが手に入ればペンギンを食べた。ペンギンを二十羽、皮をはいでその皮を燃料にして調理する。一日分の食事としてはそんなものだったと、ハーレーがのちに語っている。若いペンギンはチキンと似た味で悪くなかったが、年のいったのはかむこともできなければ、ナイフで切ることさえ難しかった。

物理学者のジェイムズは日記に書いている。「最悪なのは、することが何もないことだ。苦労して時間をつぶすなんてもったいない話だが、でも、どうにもこうにも、できることが何もないのだ」。

マクニーシュはこうだ。「寝袋にもぐりこんで、すきっ腹をなだめるためにタバコをふかすよりほか、どうしようもない」。

マクリンも日記に書いた。「テントの屋根からは水がビシャビシャ漏《も》っている。全員濡れねずみで、これ以上悲惨にはなりようがないほど悲惨。早く雨を終わらせてくれるよう、神に祈る。これほど意気消沈したムードは、これまで経験したことがない」。

隊員がどんなにつらい思いをしているか、ボスはよくわかっていた。シャクルトン自身がほとんど毎晩、悪夢を見ては自分の叫び声で目を覚ました。夢のなかで、次から次へと災難が振りかかった。海でボートが離ればなれになりはしないか？　彼自身が気力を失うのではないか？　ワースリーの航海用の表がなくなったらどうする？　食糧がつきたらどうなる？　眠りのなかで災難の波におそわれ、恐怖のあまり飛び起きるのだった。それから朝までの眠れない時間を、夢に出てきた危機への対策を練《ね》って過ごした。

しかし、シャクルトンは、どれほど不安を感じているときでも、士気を保つためにうわべは平静をよそおった。心配に責めさいなまれていても、いっさい表には出さなかった。「隊長はいつも快活で、あの人といると元気が出た。オレたちはやってみせる、ここから絶対脱出するぞっていう、そんな気になれた」とベークウェルは言う。誰一人、ボスの心痛には気づいていなかった。

シャクルトンは日課をつくり、これを固く守ることが隊員の不安をしずめ、神経がおかしくなるのを防ぐと考えた。食事はきちんと時間どおりに出されたし、見張りは規則正しく交代させられた。

毎朝、ボスは自分で笛を吹いて男たちを起こし、「起床、整頓《せいとん》」と号令をかけた。自分自身の精神衛生のためには、ブリッジをし、ほかの者にやり方を教えた。また、毎日午後には、決まってハーレーとポーカーを四ゲームする。十週めが終わったときには、ハーレーから次のような想像上の戦利品をせしめていた。ロンドンじゅうの劇場へのチケット、何箱ものリネンのハンカチ、絹のかさ、鏡、収集家が喉《のど》から手が出るほど欲しがる『復楽園』*の初版本。一方、ハーレーはシャクルトンから、髭《ひげ》そり用の鏡、シルクハット、ステッキを山ほど、カフスボタンを数セット、書斎に入れる本のコレクション、およびロンドンの*クラリッジ・ホテルでのディナーと、オペラの特等席を勝ち取っていた。

平静を保つこと。日課を守ること。そして「忍耐、忍耐、忍耐」と、ボスは日記に書いた。

二月八日、海草にからまった小枝を誰かが見つけてきた。みなが丸くなって見つめるなかで、その小枝は火にくべられた。久しぶりにかぐ木の燃える香りは、はるか遠くの陸地を思い出させた。男たちの胸は、なつかしさでかきむしられ、激しいホームシックにおそわれた。

二月二十日、隊員が目を覚ますと、氷盤の上に、北へ渡るアデリーペンギンがおびただしい群れをなして押し寄せていた。すわっと全員が準備を整え、できるかぎり捕獲することになった。ペンギンは、海の外には天敵というものを知らなかったので、つかまえて殺すのは簡単だった。この鳥からはあまり肉は

『復楽園』 イギリスの詩人ミルトンの叙事詩。有名な『失楽園』の続編として書かれ、一六七一年に刊行された。

クラリッジ・ホテル ロンドンのブルック・ストリートにある高級ホテル。

とれないが、皮には脂肪《しぼう》の層が厚くついていて、獣脂コンロのいい燃料となる。二日間で六百羽を越えるペンギンを獲得したが、そのあとペンギンの群れは移動してしまった。忍耐《ペイシエンス》キャンプのまわりの氷は、ペンギンの血と赤い色の糞《ふん》がだらだらとこびりついていた。

隊員たちは待ち続けた。一日一日がのろのろと過ぎていき、秋となった。日が短くなり、寒くてじめじめした暗い日が続いた。浮氷は、あいかわらずウェッデル海を北方へと、ゆっくり大きなカーブを描いて進んでいた。獣脂の蓄え《たくわ》がとぼしくなったため、ボスは温かい飲み物を一日一回に制限した。

生きのびられるかどうかは、彼らが乗っている氷盤が、開けた海に出るまでもつかどうかにかかっていた。開水面に出る前に氷盤がくずれてしまったら、浮氷がぶつかり合っているなかにボートを下ろすことになる。そうなれば、あっというまにボートは転覆し、一巻《いっかん》の終わりだろう。

三月五日のグリーンストリートの日記はこうだ。「単調さを破る出来事は何ひとつ起こらず、日が過ぎていく。われわれは健康のため、氷盤内をぐるぐる歩いているが、小さな島にいるのと同じで誰も島の外へは行けない。新しい読み物もなければ、話すこともない。どの話題も、もうさんざん話しつくされてしまった……。浮氷の状態は、四、五ヵ月前と変わらない。夜になるとマイナス十五度を切るようになったので、凍っていなかったところにも新しい氷が張る。だが新しい氷は、上を歩くこともできなければボートでかき分けることもできない、ひどくやっかいなしろものなのだ」。

エンデュアランス号が氷に閉じこめられてから、すでに一年半近くたっていた。隊員のなかには、氷から脱出するなんてできやしないのだと無気力になりかかっている者もいた。心の状態も刻一刻と危険に近づいていた。

しかし、三月九日、浮氷群の中に入ってから初めて、足の下に海のうねりが感じられた。氷がゆっくりと持ち上がり、また沈む。まわりの浮氷もリズミカルにきしんだりうなったりしている。まるで、巨大な生き物が呼吸をしているみたいだ。

このとき、開けた海は、たった五十キロ先にあった。

ボートへ

彼らは、どうやって自分たちのいる場所を知ったのだろう？　どこを見ても同じような海と同じような浮氷群《ふひょうぐん》が見えるだけだというのに、エンデュアランス号の隊員は船の正確な位置を知り、ジグザグに進んできた航路を寸分の狂いなく海図に描《か》きこむことができた。位置を測るための無線信号やレーダー、人工衛星がつくられる前の話である。彼らが使っていたのは、初歩的な器具と天体暦、そして数学だった。

天文学者、航海者、そして地図の製作者たちは、何世紀にもわたる努力の結果、地球に架空の線をつけて地球を区分することに成功した。架空の線とは、赤道と平行な緯線《いせん》と、北極点と南極点を通過する縦の線、経線《けいせん》だ。何ひとつ目印のない海上にいても、自分のいる場所の緯度と経度さえわかれば、その場所を地図で探すことができる。ではどうやって、緯度と経度を測るのだろうか？

天文学者は古くから、太陽、月、惑星、恒星《こうせい》が規則的で予測可能な軌道を描いて天空を渡っていくことを知っていた。そして、何世紀にもわたって夜間の天体観測を忍耐強く続けることによって、これらの天体の日々の位置をのせた詳細な暦《こよみ》をつくり出した。航海中に、ある位置より北や南へ移動すると、水平線上の星の高さが変化する（水平線上の星の高さは、六分儀《ろくぶんぎ》と呼ばれる道具で計測できる）。この計測と天文暦を使うと、どのくらい北や南に移動したのかを（つまり緯度の差を）計算することができる。観測者が地球上のどこにいようと、水平線上の星の高さの計測と暦と算数表の使用によって、緯度を知ることができるのだ。

経度は緯度より解決しにくい難問だ。天文学者は何世紀も前から、地球が一回転するには二十四時間、つまり一日かかることを知っていた。一回転は三百六十度だから、それを二十四で割れば、一時間で地球が何度回転するかを割り出すことができる。答えは十五度だ。この知識と正確な時計がありさえすれば、経度を知ることができる。

旅行者が時計を二つ持って西へ向かったとしよう。数日後、時計が十二時を告げる時間は、太陽が真上にある時間――正午とずれてくる。そこで彼は、今いる場所で正午になったとき、ひとつめの時計の針を十二時に合わせる。ふたつめの時計は出発点の時刻を表しているから、ふたつの時計の差を調べる。差が一時間なら、旅行者は自分がちょうど十五度移動したのだとわかる。つまり、旅行者はどこに行こうと、太陽が天頂に来たとき、ひとつめの時計を正午に合わせさえすればよい。ふたつめの時計が出発点の正確な時刻を示しているかぎり、現在の位置と出発点との時差がわかり、その時間のずれを角度の開きに転換することができるのだ。

このことから、正確な時計が海の航海にはどれほど不可欠なものか、わかるだろう。正確な時計が現実のものとなったのは、十八世紀のことだ。一七一四年、英国議会は、経度の問題を解決した者に賞金を与えると発表した。数十年後、その賞金は時計工のジョン・ハリソンに与えられた。

ハリソンの発明した経度測定用時計、クロノメーターは、航海中の船の激しいゆれや気温の変化にも耐えることができ、塩気《しおけ》を含んだ水や空気にも腐食《ふしょく》しなかった。最初につくった三つのモデルは、大きくて重い、ややこしい機械だったが、最後にはすばらしい機械ができあがった。正確なうえに、大きさは懐中時計に毛がはえた程度。これほどすばらしいタイムキーパーなら、どんな船長も海に持っていくだろう。時計工ハリソンのおかげで、経度を定めるという問題が解決した。

エンデュアランス号がロンドンから出帆《しゅっぱん》した一九一四年には、船長という船長が、このクロノメーターを携帯していた。海上で、これほど頼りになる相棒はほかにない。もちろんエンデュアランス号の船長、フランク・ワースリーも、クロノメーター、六分儀、羅針盤《コンパス》、航海用の算数表を備えていて、このおかげで自分たちのいる位置を計算し、航路を追うことができたのだ。

　ワースリーは、自分たちが乗っている浮氷の移動速度を、ある日とその次の日の位置のずれから測定することができた。自分たちが最も近い陸地からどれほど離れているか、いつ南極圏を越えたかも知っていた。故国に帰るにはどれほどの海を行かねばならないかもよくわかっていた。

　当然ながら、南極では太陽や星の計測が不可能な日も多かった。霧、厚い雲、ブリザード、雨などさまざまな悪天候が太陽や星を視界からさえぎった。しかし、太陽が姿を見せさえすれば、必ず、できるかぎりの計測を行った。

　船に備えつけた大きな箱型のクロノメーターは置きざりにされたが、クロノメーター・ウォッチがあった。クロノメーター・ウォッチが正確であるかどうかは、定期的に*掩蔽《えんぺい》と呼ばれる天文学の読みを行ってチェックしていた。普通、掩蔽には見つけやすい惑星を用いるのだが、ワースリーは一度、ごく小さな水星を使ってやってみたことがある。本人の言葉によれば、ほんの見せびらかしのためだったが、見せびらかしは見事に成功した。

　ワースリーが道具のどれかや算数表をなくしたらどうなるだろうか、ということは、誰も考えたくなかった。隊員たちが故国に連れ帰ってくれる人物として頼りにしていたのは、シャクルトンの次にはこの船長だった。船長の鋭い視力、技術と経験、そして彼の道具がなかったら、どうやって方向を定めたらい

掩蔽《えんぺい》　月が恒星《こうせい》や惑星の前面を通り過ぎるとき、その星が月の背後になって見えにくくなる現象。星食《せいしょく》。

いのだろう？

海のうねりに対する最初の興奮が去った今、誰もがますます落ち着かなくなった。数日後、浮氷は再びしっかり閉じてしまい、海の動きは感知できなくなった。しかし、今では男たちは、海はすぐ向こうの、手に届くところにあることを知っていた。

南極の冬が近づき、天候は日ましに荒れ模様となって、ひどい霜《しも》と冷たい雨がおそってきた。ボートを積んでいるそりがその場に凍りついてしまうのを防ぐために、ひんぱんに移動しなくてはならなかった。そのときが来たらいつでも船出できるように、準備にぬかりがあってはならない。男たちは毎朝飛び起きては、用具を積みこんだ。

ところが、彼らを取りまく氷はなかなか開かなかった。三月二十三日、西方に陸地が見えた。たぶん、エレバス・アンド・テラー湾の入り口にあるデンジャー諸島のひとつだろう。そこまで、たったの九十キロだ。「氷さえ開いてくれたら、一日で上陸できるのに」。ハーレーは日記のなかで嘆《なげ》いている。けれども浮氷は流れるのをやめず、陸地のそばを通りすぎてしまった。失望といらだちに放心状態の二十八名の男たちを乗せたままで。

隊員たちは気を取りなおすと、衣服や備品の修理で忙しく過ごし、旅の次の段階に備えた。今では、常に最低二人の見張りが立っていた。さしもの頑固《がんこ》な氷も侵食され始めていた。刺すような南からの強風のせいで寒さがいっそう強まったにもかかわらず、獣脂《じゅうし》の備えがほとんどなくなったため、温かい食事は日に一度に制限され、ほかの食事は、冷たくて味気ないものとなった。

デンジャー諸島を通りすぎてから四日後、大きな氷山がいくつも、まるでブルドーザーのようにあたりの浮氷を押しつぶしながら動くのが見えた。氷山は海面下が大きく、底部は深いところで別の海流に巻きこまれているため、一見気まぐれな動きかたをする。氷山は酔っぱらいが歩くように、大きな音を立てて浮氷に激突しながらジグザグに進んでいた。

巨大な氷山がひとつ、自分たちに向かってゆっくり近づいてくるのを見て、エンデュアランス号の乗組員は恐怖に息を飲んだ。氷のかたまりが次々はじき倒され、大きな氷盤《ひょうばん》がばらばらにくだかれた。誰かがゴクリとつばを飲みこみ、誰かは仲間の手を握りしめた。その氷山に直撃されたら、生き残る望みはない。しかもどう動くか予測がつかないから、どこにも逃げようがない。ならず者の氷山がこちらに向かって押し寄せてくるのを見て、シャクルトンはマッチを親指の爪《つめ》ですって燃やすと、タバコに火をつけた。

氷山はどんどん近づいてきたが、男たちが見守るなか、東の方向へとそれていった。全員がほっとため息をもらした。助かったのだ、少なくとも今のところは……。

続く三月、天候は雨となり、それから雪に変わった。濡れた寝袋にもぐりこんだ男たちは、これ以上ないほど悲惨でみじめだった。空腹と寒さとそして恐怖でふるえていた。ささいなことからけんかが起きた。泣きだす者もいたが、泣くと涙が頬《ほお》の髭《ひげ》の上で凍った。もう氷の監獄《かんごく》から釈放されることはないのだと放心状態の者もいた。

シャクルトンはできるかぎりのことをして、隊員を元気づけようとした。テントからテントへとまわってようすをたずねたり、直面している危険とはまったく関係のない話題で話しかけたりしていた。

そして三月二十八日、朝早い時刻に、彼らの氷盤が二つに割れた。

「割れたぞ！」

見張りに立っていたチーザムが叫んだ。

「緊急事態！　起きろ！」

男たちがテントから這《は》い出てくると、亀裂《きれつ》が二本、氷盤をつらぬいており、氷盤の端がうねるように上下していた。緊急事態に備えての訓練は十分積んでいたので、各自とるべき行動がわかっていた。ボートにかけよって凍りついたところをはがす者もいれば、キャンプをたたみ、テントや用具を積みこむ者もいた。マクリンは最後に残ったそり隊の犬をかり集めた。

濃いもやの中へただよい始めた氷盤のかけらに、大事なアザラシ肉の備えがのっているのに誰かが気がついた。何人かが急いで広がり始めた裂《さ》け目を飛び越えて行き、肉を投げてよこした。ようようのことで、隊員全員、荷物、ボートが同じ氷盤のかけらに無事に落ち着いた。ところが、ほっとしたのもつかのま、ジェイムズ・ケアード号の真下に別の亀裂が入って割れ、もうひと騒ぎが持ちあがった。冷たく湿った朝もやの中、みんなは不安な気持ちをおさえて、ようやく冷たい朝食にありついた。

朝食が終わりかけたとき、もやの中にぼんやりと何かが見えた。目をこらすと、ヒョウアザラシがこちらへと這ってきている。ワイルドが急いでライフルを取りに走り、たった一発で見事にしとめた。体長三メートル余りのこの動物を解体したところ、胃の中からは未消化の魚が五十四匹も出てきた。ついさっき、みんなはとぼしい食糧を冷たいまま食べていた。それが、どうだ！　今では五百キロの肉と、少なくとも二週間分の獣脂が手に入った。シャクルトンは、昼食はアザラシのレバーで祝いの宴会だと勢いよく提案して、みんなを喜ばせた。

食糧が手に入ったとはいうものの、残った犬たちを殺さなければならないときが来た。浮氷はじきにくずれるだろうし、犬をボートで連れていくことはできない。マクリンは、自分のチームの犬を最後の引き具につけ、ワイルドとともにキャンプから少し離れたところまで走らせた。悲しさと無念さのあまり、マクリンは吐きそうになりながら、犬を一匹ずつ引き具からはなした。何の疑いも持っていない動物を、ワイルドが氷丘《ひょうきゅう》のかげに連れていき、頭に弾丸をすばやく打ちこんだ。全部の犬を殺したあとで、マクリンは犬の皮をはぎ、肉を集めて、キャンプに持ち帰った。

隊員たちは犬の肉を喰《く》った。ワースリーは、犬の肉はヒョウアザラシよりうまいと言い、ハーレーは柔らかくて風味がよいと語った。ハーレーは、のちにこんなふうに書いている。「普通の人から見たら、探検隊員なんてものは冷血漢だ。かわいがっていた犬の肉を前に、われわれは涙ではなくてよだれを流していた。たぶん飢《う》えのために、別の次元にいたんだろうと思う。あのときは、殺した犬を喰うのは合理的なことに思えた」。

頭上では、アジサシとマダラフルカモメが輪を描き、大きなシロフルマカモメが雪のように白い翼《つばさ》を広げて飛んでいる。鳥がいるということは、近くに氷のない海があるということだ。生物学者のクラークが、氷の割れ目でクラゲを見つけたが、これも海が近いしるしだった。間違いなく、海は近い。

シャクルトンは、全隊員に四時間交代の勤務を命じた。しかも眠るときも、長靴、ミトン、帽子をつけたままの完全装備で眠る。彼らの氷盤は、うねりに合わせて三十センチも上下した。これまで凍りついた海はまったく動きがなかったので、久しぶりの波の動きで船酔いにかかる者もいた。

シャクルトンは日記に書いている。「小さなボートで大海原《おおうなばら》を航海しなければならない日が、いよいよ近づいている。ボートを守るものは何もない。しかも北にも東にも陸はなく、何千キロもの海がただ広がっているだけだ。助かるためにはどうしても、クレランス島かそのとなりのエレファント島に上陸しなければならない」。

この二つの島は、南極半島のいちばん端にある。二つの島の向こうは、何もない大洋が続く。もしどちらかの島に上陸できなければ、生き残れる可能性はないだろう。

じりじりと時間が過ぎていった。氷盤は侵食され続け、四月三日には幅がたったの百八十メートルとなった。開水面に囲まれ、まわりの氷盤にぶつかり続けている。氷がこすれ合う音、ぶつかる音、きしる音、くだける音が冷たく湿った空気をふるわせる。

一方で、南極の冬がかけ足で近づいていた。すでに一日のうち十二時間は暗やみとなった。日があるあいだに、ウミツバメやアジサシが北へと渡っていく。トウゾクカモメはキーキーと叫び声をあげ、移動中のペンギンが、周囲何キロにもわたる氷の上でうるさく鳴きわめいている。シャチは開けた水路を泳ぎまわり、潮吹きから冷たいしぶきを吹き上げている。南極の大気が、この世のものとは思えない美しいまぼろしを見せてくれた。幻日《げんじつ》、そして緑色の夕焼け、それから虹《にじ》色に輝く氷のクリスタル・シャワー……。

数日のあいだに、忍耐《ペイシエンス》キャンプの下の氷盤には何度も何度も亀裂が入った。四月八日には亀裂だらけになり、水路が黒い水をたたえていた。しかも、海のうねりのせいで一メートルも上下する。見渡すかぎりの浮氷がゆれるようすは、まるで巨人の手が、巨大なジグソーパズルをごちゃごちゃと混ぜているようだった。

氷盤の幅はたったの五十メートルとなった。エンデュアランス号が最初に氷に閉じこめられてからここまで、氷盤に乗って千キロをただよってきた旅が、ついに終わろうとしている。

四月八日十二時四十分、シャクルトンの命令が下った。

「ボートを水面に下ろせ」

氷からの脱出

ボートを漕《こ》ぎ始めると、何千羽もの鳥がつきそってきた。アジサシ、フルマカモメ、シロフルマカモメ、マダラフルマカモメが空を埋めた。オールをあやつろうと四苦八苦している男たちの上に、鳥の糞《ふん》が遠慮なく落ちてきて、みんな糞まみれとなった。

荒海に備えてボートは側面を高くしてあったために、座部が低くなりすぎて漕ぎにくかった。漕ぎ手は、座部の上に木の箱などを重ねて座り、不安定な姿勢で苦労しながらオールを動かしていた。しかも、長いことボートに乗っていなかったのでうまくリズムがつかめず、舌打ちしたりののしったりしていた。

まわりは氷のかたまりだらけで、激突する危険は大きかった。おかげで、風が身を切るように冷たいというのに、速く漕いで温まることもできない。海のうねりが風上の巨大氷山にぶつかると、しぶきが空中高く二十メートルも舞いあがり、ボートに降りかかっては男たちの上であっというまに凍りついた。漕いでいない者は、頭を下げてしぶきや鳥の糞を避けながら、シャチを警戒して水面を見守っていた。

先頭を行くのは、いちばん大きなジェイムズ・ケアード号で、乗っているのはシャクルトン、ワイルド以下十名、マッキルロイ、ワーディ、ハッセー、ジェイムズ、クラーク、ハーレー、マッカーシー、グリーン、マクニーシュ、ヴィンセント。そのあとを行くのがダドリー・ドカー号で、舵《かじ》をとるワースリー以下八名、グリーンストリート、チーザム、カー、マクリン、マーストン、オーデリー、マクロード、ホルネス。しんがりをつとめるのがスターンコウム・ウイルズ号で、クリーンとハドソンが指揮し、残りの五名、リッキンソン、ハウ、ベークウェル、スティーヴンソン、ブラックボロが乗る。密航者のブラックボロが、エンデュアランス号にこっそり乗船した自分の決断を後悔したとしても、それはもっともなことだった。

用心深く氷を縫《ぬ》うようにして進むためにスピードは出なかったが、間違いなく前進していた。一時間で忍耐《ペイシエンス》キャンプから少なくとも一キロ半は漕ぎ進み、もうキャンプは浮氷《ふひょう》群にまぎれて見えなくなった。夢ではない、とうとう航海に出たのだ、男たちは期待と畏《おそ》れの混じった気持ちをあらためてかみしめていた。

ところがその矢先、ゴロゴロという奇妙な音が聞こえてきた。初めは何も見えなかった。が、しばらくすると東南東の方角に、見たことのないものが見えた。大小の氷のかたまりをびっしり乗せた潮の流れだ！　氷がガラガラとうず巻いている土石流《どせきりゅう》のような流れが、時速五キロの速さで突進してくる！

シャクルトンは、ほかのボートに向かって大声をあげると、ケアード号の向きを変えた。漕ぎ手は、あらんかぎりの力をふりしぼって漕ぎ始めた。ゴロゴロとうなりをあげる氷の化《ば》けものに追いかけられて、三隻のちっぽけなボートは必死で逃げまどった。漕ぎ手がリズムを保てるように、漕いでいない男たちは足を踏みならして調子をとる。ドカー号が二度、氷の土石流に飲みこまれかかったが、二度ともすれすれのところで引き離した。三隻のボートは十五分間氷の化けものと戦ったが、その後、それは現れたときと同じくらい突然に、あとかたもなく姿を消した。

水面はうそのようにおだやかになった。疲れ果てた漕ぎ手は、オールの上にがっくりとくずれ、ほかの者が彼らをわきにどけて、自分たちがオールを握った。ボートを北西の針路にもどしたとき、まわりには青氷やくだけかかった氷《ひょう》盤《ばん》がポコポコ浮かび、波に合わせて上下しているだけだった。

午後は、そのまま氷をかわしながら漕ぎ続けた。日がかげってくると、シャクルトンは、キャンプを張るための頑丈《がんじょう》な氷盤を探し始めた。やっと見つかった氷盤に、大きなカニクイアザラシがいるのを見て、男たちは大喜びだった。六時三十分には全員でテントを張り終え、グリーンはとれたてのアザラシを夕食にしようと、獣脂《じゅうし》コンロに火をおこした。八時には、もう見張り以外の者はぐっすりと眠りこんでいた。波が氷盤の端に当たるバシャバシャという音だけがひびいていた。

しかし、「十一時ごろ、何となく不安な思いにかられて、テントを出た」とシャクルトンは書いている。波のようすが変化して、氷盤には大きな波が真っ向からぶつかっていた。「亀裂《きれつ》に注意しろ、と見張りに忠告しようとして、私は氷盤を歩き始めた。すると氷盤がうねりの頂点に乗り、まさに私の足の下で氷に亀裂が入った。ちょうどテントのひとつを通りすぎようとしたときだった。ドーム型のテントが、氷が開くにつれて広がり、つぶれていく……私はかけ寄り、男たちがテントをくぐって出てくるのに手を貸した……亀裂の幅は、一メートル半ぐらいに広がり……、そのあいだの水の中に、白っぽいものが浮かんでいるのが見えた」。

テントにいた男たちは、暗やみの中を安全な場所へ移動していたが「誰かがいないぞ！」と叫ぶ声がした。

水に落ちた白いものは寝袋で、中にはアーネスト・ホルネスが入っていた。ボスは、深くかがむとその水びたしの寝袋をつかみ、ぐっと気合いを入れて、重い袋をたった一回で引きずり上げた。凍りつくように冷たい海から、寝袋とホルネスを氷の上へ引き上げたちょうどその瞬間に、二つに割れていた氷盤がすさまじい音を立ててぶつかり、ピタリと閉じてひとつになった。

しかし、しばらくすると亀裂は再び口を開き、キャンプが切断されてしまった。ぶるぶるふるえているホルネスを仲間が温めようとしたが、あちこち歩かせる以外どうしようもなかった。着がえられるような乾いた服など、一枚だってありはしない。氷がホルネスの服からパリパリとはがれて、氷盤の上に落ちて、チリンチリンと音を立てた。

残りの隊員は、ロープを引っぱって、二つに別れた氷盤を寄せ合わせていた。氷盤の大きいほうの片割れにケアード号を移動すると、男たちも次々とほかの隊員のいる安全なほうへと飛び移っていった。シャクルトンは最後まで残って、全員が安全に渡り終えたのを確認した。

するとそのとき、再び氷盤が離れ始めた。シャクルトンは、ロープの端を力いっぱい引っぱったが、一人の人間の力が海の力にかなうはずはない。ロープが離れ、隊員が恐怖に息を飲むなか、シャクルトンの姿は暗やみの中へ流れて消えていった。

「ボートを出せ」

シャクルトンの声がしたときには、ワースリーが同じ命令を出したところで、スターンコウム・ウイルズ号が水面に押し出されて、救出に向かうところだった。ワースリーはのちに、「シャクルトンを連れもどすまでの数分間の恐怖は、今までに経験した最大の恐怖のひとつだった」と述べている。

やっとのことで全隊員が集まると、今度はホルネスに注意を向ける番だった。凍死するおそれが高い。コックは、この船乗りの体内に温かいミルクを注ぎこもうと、獣脂コンロに火をつけた。

「だいじょうぶか、ホルネス」

シャクルトンが気づかった。

「ハ、ハ、ハイ。ボ、ボ、ボス」

歯をガチガチいわせ、どうしようもなくガタガタふるえながら答えた。

「い、いま考えているのは、タバコのことだけッス。み、み、みずの中に落としちゃって、も、も、もったいねえ」

誰ももう、テントにもどって寝ようという気にはなれず、ずっと朝まで火のまわりで丸くなっていた。「チラチラ炎の燃える小さな獣脂コンロのまわりで、くっつき合って座っていた。誰かが見たら、いたずら好きな小鬼の宴会のようだったろう」とマクリンは書いている。

コックは、朝まで二時間ごとにアザラシのステーキをふるまって、男たちの体力維持をはかった。暗やみの中、氷盤の端ではシャチが勢いよく潮を吹き上げていた。

ワースリーはのちに書いている。「大きな問題をかかえ、寝ることもできなかったにもかかわらず、隊員一同機嫌《きげん》がよかった。長いこと待たされたあげく、やっと行動に移れたからだ。これまでは流氷の流れるままにただよい、ただ待つばかりだった。自分たちにできることは何ひとつなかった。それが今では、自分たちのために力をふりしぼって動いている。危険や困難は増したが、それが何だ。力の続くかぎり戦ってやる……われわれは希望にあふれ、物事を楽観的に見ていた。これこそがシャクルトン流の気の持ち方というものだ」。

午前五時、東のほうに夜明けの日の光がうっすらと射し始め、冷たい霧のたちこめるどんよりとした日が始まった。雪混じりのスコールが、うねるヴェールのように氷上を吹きすさんでいた。

この不吉な氷盤から早いところおさらばしたかったので、ボートが出されるやいなや、また浮氷群を縫ってせっせと漕ぎ続けた。頬《ほお》に冷たい東寄りの風を受けながら、群がる氷の許すかぎり北へ進もうと努めた。この天候では太陽観測は不可能だったが、ワースリーはできるかぎりのことをして、クラレンス島とエレファント島は北へ五十〜六十キロにあると推測した。

朝じゅうずっと、二つの小さな目標を目指して漕ぎ続けた。十一時ごろ、突然、浮氷群から解放されて、氷のない海に出た。小さな三隻《せき》のボートの乗組員は大喜びして、ボートに帆《ほ》をあげた。ボートのスピードがぐんと増し、船首でしぶきがくだけて、男たちや積み荷の上で凍りついた。

しかし、喜んだのはつかのまだった。ワースリーの説明によると「浮氷群の北の端をまわったのだが、氷のない大海原《おおうなばら》は波が荒すぎて、荷物を積みすぎた小さいボートをあやつることは不可能だった。ボートには二十八名分の体重に加え、テント三つ、残りの衣類、寝袋、ランプと灯油、オール、マスト、帆、そして三週間分の食糧を積みこんでいたのだ……」。

「波を避けるためには、浮氷群の中へもどるしかなかった。三時三十分に、大氷岩に積み荷を下ろしてボートを引き上げた。そしてそこに一週間分の食糧を捨てたのだが、われわれがテントを張ったりボートを固定させたりしているあいだに、グリーンが捨てた食糧をかき集めて、ほどなくこの五ヵ月間で味も量も最高の食事をつくり上げた」。

浮氷群からの脱出は、彼らが夢にまで見たことだった。しかし、いざ氷のない海に出てみると、太刀打《たちう》ちできない荒海だった。小さな船隊はすごすごと氷の中へともどるしかなかった。

エレファント島への航海

彼らを追い返し、浮氷《ふひょう》のかげに避難させたのは、地球上最悪といわれる荒海だった。なぜ南極海がそれほど恐ろしい海なのか？　原因は二つある。ひとつは風で、南極大陸からは秒速九十メートルに達する暴風が、うなりをあげて吹いてくる。もうひとつの原因は地形で、南極大陸は完全に外洋に囲まれているために、緯線六十度では、地球をぐるりと一周する一万九千キロのあいだに、さえぎるものが何もない。そのため外洋の大波が地球を一周することができる。地球の自転は、この大きな波を東へ東へと果てしなく進ませるが、波は進行につれて勢いを増す。こうしてできるのが、オーシャン・ローラーと呼ばれる恐怖の波だ。

オーシャン・ローラーは、ドレーク海峡――南アメリカの南端と南極半島の端とのへだたりで、その距離はたったの千キロ――を無理やり通り抜ける。この狭い海峡を通り抜けるあいだに、それでなくとも激しい波が狂ったような波に変わる。

波の高さは三十メートルを越えることもあり、波と波の間隔が一キロ半あることもある。これはもう波というよりは、巨大な水の壁だ。この巨大な水の壁は、時速八十キロという猛スピードで、通り道にあるものすべてをなぎ倒していく。一五七八年に、サー・フランシス・ドレーク*が、初めてこの危険な海峡を航行したときは、十六日を費やしたあげく、船のうち四隻《せき》を失った。

ケープ・ホーンの大波として知られるこれらの波に加え、南極海には奇妙なことに、風とは逆向きの潮流がしばしば存在する。逆向きの潮流のせいで海面はいっそう荒れ狂い、高波はいっそう高く持ち上がる。こういうくせの悪い「ごろつき波」は、たがいに追いかけ合って、いっそう大きな力を得る。

不思議なことに「ごろつき波」は、三つの波が一団となって来ることが多い。これに、昔の船乗りが「運命の三女神」という名前をつけた。南極近くの孤島や岩が船の墓場となり、難破船が無惨な姿をさらしているのも無理はない。たとえおだやかな日であっても、南極海には四、五メートルの大波があった。

冬ともなると、南極点から北へと流れる冷たい空気が次々とサイクロン*を生みだす。サイクロンはさらに、熱帯からの暖かい空気と衝突して、ハリケーン*やブリザードとなる。くだける波の頂上から飛び散るしぶきが、凍ってみぞれとなる。海水は空へと放り投げられ、次の瞬間にたたきつけられるように落ちてくる。波の上で風が絶叫し、太陽はおびえて退却する。

フランシス・ドレーク　一五四五年ごろ～一五九六年。海賊船の船長としてメキシコ湾を荒らし、また、東インド諸島のスペインの植民地を襲撃して略奪品を持ち帰った。一五七七年、五隻の船隊を率いて世界周航に出発。イギリス人として初めて世界一周に成功した。

サイクロン　インド洋に発生する熱帯低気圧。五～十月に特に激しく、ベンガル湾沿岸地方をおそう。日本でいえば台風にあたる。ここでは、大型台風のような「大暴風雨」の意味で使われている。

ハリケーン　北西大西洋、カリブ海、北東太平洋に発生する強い熱帯低気圧。

これが冬の南極海だ。

大英帝国南極横断探検隊の三隻のボートは、南極海の威力の前になす術《すべ》もなく、浮氷の中へと逃げ帰ってきた。あちこち探しまわった末に、平らな氷山のかけらを見つけ、そこに停泊することにした。それは大きくて平らな青い氷《アイス・ブルー》のかたまりで、高いところは海面から六メートルも突き出ていたが、最も低いところは一メートルちょっと出ているだけだった。

まず、氷山の上に食糧や備品を投げ上げて、それから自分たちが氷によじ登り、最後にボートを引っぱり上げた。荷物は、しぶきや波のために何もかもがびしょ濡れだった。

男たちはテントを張ると、濡れた寝袋にもぐりこんだ。ボート漕《こ》ぎになれていない手は、水ぶくれがつぶれ、凍傷《とうしょう》になりかかっていた。彼らは、三十六時間眠っていなかった。

眠っているあいだに、強風は勢いを増し、ほかの浮氷がぶつかってきて、彼らのいる氷山の端をこわしていた。四月十一日、目を覚ましたとたんに、彼らの心は沈んだ。まるで罠《わな》にかかったネズミではないか！　あたりは、見渡すかぎりの浮氷にびっしりとり囲まれていた。しかも、北西からは十メートルもの大波が押し寄せていて、八百メートルおきに氷を高々と持ち上げては突き落としていた。

「それは、これまで見たことのないほど壮大で、美しいながめだった」と、のちにワースリーが述べている。「しかし、その真っただ中になんぞ居たくはなかった。浮氷が暴走して、われわれの氷山に激突してきた。われわれの乗った氷山は、おじけづくような猛スピードで押し流されていた」。

怪物のような波が氷をぶつけ合うさまを、なす術もなく見守るしかなかった。ここでボートを出すことは自殺行為だが、氷山にいるのも非常に危ない。氷山はすでにぼろぼろくずれてきていて、彼らはいつ水中に投げだされるとも知れなかった。

シャクルトン、ワイルド、ワースリーは、氷山のいちばん高いところ、六メートルの小山に登って見張りを続けていた。朝からずっと、ボートを下ろせる開水面はないかと、周囲の海をくまなく探していたのだが、そのあいだに彼らの氷山はテニスコートくらいにまで小さくなってしまっていた。二回ほど水路が通過するのが見えたが、遠すぎた。

しかし、正午から二時間たったとき、ついにチャンスが訪れた。ボートを出せる水路が近くに来た。このとき氷山は、まさにひっくり返る寸前だった。

「ボートを出せ」

シャクルトンは叫んだ。

「荷物は適当に投げ入れろ！」

数分とたたないうちに、氷を縫《ぬ》いながらの航海がまた始まった。二時間オールを漕いで前進したところで、氷はだいぶ減り、シャクルトンは帆《ほ》をあげてもよいと判断した。

ジェイムズ・ケアード号がするすると前に飛びだし、ダドリー・ドカー号がそのあとを追いかけたが、スターンコウム・ウイルズ号はどんどん遅れた。シャクルトンは、三隻めのボートが遅れることが気がかりだった。とうとう大きな氷山の風下にボートを寄せ、ワースリーに向かって、もどってもう一隻のボートに手を貸すようにと叫んだ。ワースリーは、ドカー号の向きを変えると、向かい風を間切《まぎ》りながらもどって、ウイルズ号を綱《つな》で引いた。


夜は早々とふけていった。その日の朝のような危機一髪の経験は、二度とごめんだったから、大きな氷盤《ひょうばん》のかげにボートをつないで、ボートの中で眠ることにした。

コックのグリーンだけが、氷上に登ってコンロに火をつけ、ミルクをわかした。そのあいだ、男たちは乳を待ちわびる子牛のまねをして、ボートの上でモーモー鳴いていた。まもなく全員に、湯気《ゆげ》を立てる温かいミルク入りのマグが配られ、グリーンと獣脂《じゅうし》コンロが船上にもどってきた。

しかし、ミルクで身体が温まったとほっとしたのもつかのま、風向きが変わり、おかげで氷のかたまりが押し寄せてきて、氷盤にぶつかるようになった。オールを使って必死で氷を押しやったが、ボートに穴をあけられる危険があまりにも大きい。しかたなく、引き綱で三隻をつないでボートを出し、どこかに安全な場所はないかと、一晩じゅうへとへとになりながらあちらこちらへボートを漕いだ。気温が下がったので、男たちは交替でオールを漕ぎ、身体の温かさを保つようにした。雨が雪のシャワーに変わっていた。長い、長い夜だった。

朝になると、北西の微風が暖かい空気をもたらし、気温はマイナス十六度と上がりはしたが雨とみぞれが降っており、男たちはなおも氷まみれだった。

しかし正午には空が晴れて、太陽観測が可能になった。ワースリーはドカー号のマストに寄りかかって身体を支え、六分儀《ろくぶんぎ》を水平線の位置に合わせて太陽の高さを測った。隊員たちは、かたずを飲んで船長が計算を終えるのを待っていた。ワースリーは、出てきた数字を見ると顔をしかめ、もう一度計算を確かめた。そしてうなだれて、目だけを上げた。

「船長、われわれはどれくらい進んだんだ？」

シャクルトンはジェイムズ・ケアード号から叫ぶと、ドカー号の横にボートをつけて飛び移った。

ワースリーは低い声で答えたので、聞きとれたのはボスだけだった。

「五十キロ後退しました」

あれほど死力をつくしてがんばったというのに、海流は彼らを後方へ押しもどしたのだ。ふりだし点の忍耐キャンプ《ペイシエンス》よりも、もっと目的地から離れていた。シャクルトンは、結果をみんなに告げるのはやめて、「思ったほどには進んでいなかった」とだけ伝えた。

隊員たちは、針路を決めた者の責任だとでも言わんばかりに、ワースリーを暗い目でにらみながら、再びボートを風に乗せて、航行を続けた。ほかにどうすることができるというのだ？


その夜もまた、大きな浮氷の風下側にボートを避難させたのだが、数時間停泊しているうちに風の方向が変わり、ボートは浮氷に激しくぶつかり始めた。大きな音を立てて浮氷にぶつかるたびに、氷がえぐられ、氷のかけらが飛び散った。風の音にかき消されないよう大声でどなりながら、男たちは命からがらボートを出して、開水面へともどった。

重く湿った雪が降り始めた。海の表面が凍り始めていて、雪が波の上に落ちると、カシャカシャと音がした。新しくできた海氷が、波に持ち上げられてきしむ音もした。男たちは、朝になるまで少しでも温め合おうと、身体を寄せ合ってボートの中に座っていたが、服が身体の上で凍っていった。あまりの寒さに、眠ることなどとうてい不可能だった。

ついに朝になり、空が白んだときには、男たちはまるで幽霊《ゆうれい》の一団のようだった。疲れきった顔は、真っ青で表情はなく、髪と髭《ひげ》は雪と塩で真っ白に染まっていた。シャクルトンは帆をあげるよう命じ、再び先頭に立って、ゆるんだ浮氷群を縫って進んだ。

昼近くに、何千匹という死んだ魚が乗っている氷の一帯を通過した。たぶん、冷たい急流のせいで死んだのだろう。フルマカモメやウミツバメが急降下してきては、魚をくわえて飛び去った。

南極大陸から吹きつける極寒《ごっかん》の風が勢いを増し、男たちは北へ北へと流されていた。そのために、ほとんど何の前ぶれもなしで、突然、浮氷群から抜け出て再び氷のない海に出た。巨大なオーシャン・ローラーがおそいかかってきたので、三隻のボートは波に向かって風上に間切っていった。波の幅は四百メートルもあった。強風が波頭をちぎって、薄い氷をボートの上にバラバラと降らせた。

目の前には南極海が広がっており、目指しているのは百六十キロ先にある、たった三十キロの長さの島だった。ワースリーの計測が正しいことを祈るしかなかった。彼らは、わらの山の中からたった一本の針を探すような、小さな小さな可能性にかけていた。エレファント島の向こうは千キロのドレーク海峡があるだけで、南アメリカ大陸までいっさい陸地はない。

波がボートのへさきでくだけて、疲れ果てた男たちの全身を洗った。まだ苦痛が足りないとでもいうかのように、新しい苦痛が男たちをおそっていた。耐えがたい喉《のど》のかわきだ。浮氷を去るとき、あまりに急いだので、解かして水にするための氷を持ってくる時間がなかったのだ。塩水を浴び続けて、男たちは脱水症状を起こしていた。

皮肉なことに、皮膚から吸収される水分があるために、何も飲んでいないのにひんぱんに放尿しなければならない。そのうえ、下痢《げり》にも苦しめられていた。料理をすることができないために、しかたなく生肉を食べていたせいだろう。用を足したければ、方法はただひとつ。牙《きば》をむいている氷の海へ、ボートのへりから身体を張り出すしかない。

これ以上体力を失わないように、シャクルトンは全員に食べたいだけ食べるように言ったが、生のアザラシ肉や角砂糖を飲みこめる者はほとんどいなかった。船酔いのため、食べ物に口をつけることさえできない者もいた。

三隻のボートのうちで、スターンコウム・ウイルズ号が最も苦労していた。いちばん小型で、荒海に耐える力はいちばん弱い。舵《かじ》をとっていたハドソンは重責にあえぎ、今にも倒れそうだった。シャクルトンとワースリーは、彼らのボートにつないでおかなければ、ウイルズ号は夜のうちに消えてしまうだろうと恐れていた。海が暗やみに包まれると、三隻のボートはたがいをつなぎ、ドカー号が海《シー》・錨《アンカー》を投じて船首を風上に保った。また、一晩眠ることもできずにじっとしていなければならなかった。

気温は下がり、風は吹き続けて、へさきから海水が流れこんできた。足が冷たい水につかって、感覚がなくなった。男たちは、何とか血のめぐりを保とうとして、水びたしの長靴の中で足の指をもぞもぞ動かした。彼らが動くたびに、服から氷がパリパリと音を立ててはがれた。絶望のあまり泣きだす者もいたし、ひびの割れた凍傷のくちびるで、風をののしる者もいた。シャチがおそってくるという恐怖にとりつかれた者もいた。

ボートは波をかぶり続けていたが、しだいに凍りついてきて、動きが重く、鈍《にぶ》くなった。男たちは交代で、ボートについた氷をたたき落としたり、船底にたまった水をかい出したりして、小さなボートが沈没しないように努力を続けた。

明け方近くになると、風はむち打つのをやめて、しだいに静まってきた。神秘的な桃色のもやの中から、ついに太陽がのぞき、生者というよりはるかに死人に近い、二十八名の男たちを照らし出した。

男たちの顔は、塩水にさらされて水疱《すいほう》ができ、そこから体液が流れ出ている。凍傷の白い輪の上を、しみ出た体液が何本ものすじをつくっていた。真っ赤な目は落ちくぼみ、生存の淵《ふち》ぎりぎりまで追いやられた人間の、狂気じみた表情が浮かんでいた。

しかし、真っ正面に何かが見えないか？　幻影？　まさか？　いや、本物だ！　五十キロそこそこの距離に、山が、雪をかぶった玄武岩《げんぶがん》の頂《いただき》が浮かんでいるではないか！　エレファント島だ！　何人かがヒステリーを起こしたように笑いだした。ボスがつぶれた声で、海・錨《シー・アンカー》を引き上げるよう命じた。この世のものとは思えないほど美しい朝日のなかで、シャクルトンは老人のように見えた。ワースリーは、激しいショックを受けた。「なぜかシャクルトンは、いつでも何ものにも負けないように見えた。でもそのボスですら、この夜の底知れない厳しさにはたたきのめされていた」と書いている。

運が良ければ、日暮れまでに上陸できるだろう。いい風が帆をふくらませている。男たちは、陸地を目にしたことで、文字どおり死にもの狂いの力がわいて、風があるのにオールを突っこんで漕ぎ始めた。生のアザラシ肉にかみついてその血をすすり、喉のかわきをいやす者もいた。みんな三日以上も眠っていなかったが、しかし、くだける波の向こうに苦難の終わりが見えているではないか。ジェイムズ・ケアード号は、危なっかしいウイルズ号を綱で引いており、ドカー号は先頭をきってゆっくり前進した。

ブラックボロは、まったく足の感覚を失っていた。どうしようもなかったが、それでもマッキルロイ医師はこの若者の足をマッサージして、血の循環を回復させようとしていた。グリーンストリートとマクリンもブーツを脱いでみたところ、足が凍傷にかかっていた。二人とも、血液が静脈《じょうみゃく》を流れ始めるときの激しい痛みが起こるまで、足の指をこすり続けた。

三隻のボートは、日中ずっと、少しずつ、着実にエレファント島に近づいていった。午後二時には、もはや十五キロも離れていなかった。

ところが三時になっても、距離はそれ以上近づかなかった。逆向きの海流につかまったのだ。さらに悪いことに、風がぐるりと向きを変え、彼らを島から遠ざけようとし始めた。あわてて帆が下ろされ、男たちは島にたどりつきたいという気力だけで、これまでの倍もがんばってオールを漕いだ。しかし、信じられないほど残酷なことに、どんなに力をふりしぼって漕いでも、それ以上島に近づくことができない。

五時三十分、空が暗くなりかけたころ、もう一度風の向きが変わった。あっというまに風力が強まり、強風となって波頭を引きさいた。助かるにはボートを切り離すしかない、とワースリーはシャクルトンに叫んだ。ワースリーは、動きの速いダドリー・ドカー号を、ほかの二隻に合わせるのに苦労していた。

シャクルトンはしぶしぶ同意したが、ケアード号からウイルズ号をはずすことは拒否した。ウイルズ号を放したら、再び目にすることはないという確信に似た思いがあった。風が月をおおっていた雲をはぎ取った。薄明かりのもと、ワースリーはエレファント島へとドカー号を進め、すぐに見えなくなった。

夜になったが、一行はまだボートの中だった。失望がどんよりたれこめている。何人かは意識がもうろうとしており、精神が異常をきたすぎりぎりのところにいた。シャクルトンは、すぐに陸地にたどりつかなければ何人かが死ぬと恐れた。夜のあいだに一度、暗やみの中をウイルズ号に向かって大声で叫んだ。

「ブラックボロ！」

「はい、隊長」

弱々しい返事が返ってきた。

ボスは叫んだ。

「明日になったらエレファント島に上陸する。人間が足を踏み入れたことのない土地だ。そこへ一番乗りする役目は、おまえがやれ」

ブラックボロは答えなかった。もうずっと前から、足の感覚がまったくなくなっていた。一番にせよ最後にせよ、立って歩けるとはとても思えなかった。

ドカー号は、荒海の中を這《は》うようにして、島に向かって進んでいた。波にたたきつけられると、ボートは激しく縦横にゆれた。ワースリーはマッチをすって、たったひとつ残った羅針盤《コンパス》をのぞいては、正しい方向に向かっているかどうかをチェックした。島は暗やみの中に姿をかくしていた。

チーザムは、ずっとパイプを吸っていたが、火が消えてしまったので、ワースリーにマッチを一本くれと頼んだ。貴重なマッチをむだづかいするな、とまわりから怒号《どごう》がとんだ。

「よし、お前に一本売ってやろう」

ワースリーが言った。

「買います。で、値段は？」

三等航海士はたずねた。

かすれた笑いをあげ、ワースリーは答えた。

「シャンペンをボトルで一本」

「決まりです。自分はヨークシャーに帰ったら、小さいパブをやるつもりです。パブがオープンしたらすぐに、シャンペンを一本さし上げます」

彼らは、夜じゅうずっと水をかい出し、ボートを漕ぎ、ののしりながら座っていた。ワースリーはぶっ続けに五十時間以上舵をとっていたが、とうとう気を失って、バタリと前につっぷしたまま動かなくなった。代わりに、グリーンストリートが、正しい針路からはずれないようにと祈りながら舵をとった。

夜が明けて、霧が深く、風の強い朝となった。グリーンストリートが見上げると、そこに島が、そびえ立つ黒い崖があった。このとき、山から激しい突風が吹きおろしてきて、ボートをゆらした。

「ワースリー、頼む、起きてくれ！」

グリーンストリートが叫んだ。

大声を出したり、ゆすぶったりして起こそうとしたが、船長は死んだように眠ったままピクリとも動かない。マクロードは必死で船長の頭を二度ほどけりあげた。これはさすがに効《き》いて、ワースリーは起きあがった。すぐに状況をつかむと、しゃがれた声を出した。

「四ポイントの角度に保て」

波が激しく岩にぶつかり、しぶきを上げてはシューッと引いていく。上陸する場所を探して、ボートを西へ進めていく。ミナミオオセグロカモメが黒い頂を舞い上がり、霧の中へ消えていった。九時三十分、まだ浜辺が見つからない。目をこらしても、ほかの二隻のボートは影もなかった。

「かわいそうなやつら」

グリーンストリートは、ケアード号もウイルズ号も海に消えたと思ってつぶやいた。

「あいつらは、くたばったな」

それから岬をまわった。すると、前方に二隻のボートがいるではないか！　ボートは岸に到着してこそいなかったが、そのあたりには岩礁《がんしょう》があるらしく白波が高くあがっている。前方の崖のふもとに狭い入り江があり、そこから上陸できそうだった。

ドカー号の男たちの弱々しい呼び声は、波の音に飲まれてしまった。シャクルトンは波のタイミングをはかり、今だ！　最後の力をふりしぼって岩礁を抜けろ！　と叫んだ。ボートが岸へとのしかかるように上がっていくと、小石がへさきの下でジャリジャリと音を立てた。

「岸へ飛べ、ブラックボロ」

シャクルトンがせきたてた。このいちばん若い乗組員に、最初に土を踏む名誉を与えてやろうと決めていたのだ。

ブラックボロは動かなかった。シャクルトンはじれったくなって、手を伸ばし腕をつかんで若者を引っぱり上げると、舟から押し出した。ブラックボロは倒れて四つんばいになり、波に洗われた。

「立つんだ」

シャクルトンが命じると、若者は答えた。

「立てません、隊長」

シャクルトンは、ブラックボロの足が凍傷だったことを思い出し、すまなさでいっぱいになった。ハウとベークウェルに、この若者の上陸を手助けするよう身ぶりで示した。ボートは一隻ずつ波にもまれながら、岩だらけの浜に上がり、乗組員たちは水につかりながら、よろよろと歩いていった。土の上に立つのは、十六ヵ月ぶりだった。

ワイルドが、「まるで、公園で散歩するために車から出てきたような、どうということもないというようすで」ボートから出てそばに来たことを、ボスはのちに思い出している。しかしほかの者は、ワイルドほど冷静ではなかった。みんな笑いながら泣き、泣きながら笑った。四つんばいになって黒い小石をつかんでは、ぎゅっと握りしめ、ぼろぼろとこぼす者もいた。

ついに上陸を果たしたのだ。

陸地

その島は、昔からエレファント島と呼ばれていた。岩だらけの海岸に、ゾウアザラシ（エレファント・シール）が群がっていることからついた名前だ。島にいるのはアザラシと鳥だけ。長さ三十キロ、幅二十キロほどの小さな島で、南極半島の先に散らばる島のなかでもいちばん端に位置している。

この島の先には、ドレーク海峡が広がるのみ。ワースリーは、霧と雪と荒れ狂う海のさなかにこの島に針路をとって、ほとんどないに等しかった可能性を現実のものにしたのだった。

その名のとおり、島は、彼らが上陸したとたんにゾウアザラシを一頭プレゼントしてくれた。生き物が食べ物に変わるのに時間はかからなかった。グリーンは、衰弱《すいじゃく》していていつもの笑顔は消えていたが、それでも料理にとりかかった。

上陸直後の数時間、男たちは食べて寝て、また食べるという状態で、小さなグループに固まり、麻痺《まひ》したように黙ってじっとしていた。近くのペンギンの群棲地《ぐんせいち》から、ジェンツーペンギンがお客を見ようと、よちよちと浜辺へ下りてきた。

シャクルトンとワースリーは、浜辺を歩いてこの島を調べた。何という荒涼《こうりょう》とした場所だろう……

「やれやれ、一人も死なずにすんでよかった。もう一晩海にさらされたら、何人かは死んだはずだ」

ボスは言った。二人とも黙ってしまったので、ごろごろした石ころを踏む音だけがひびいた。しばらくしてからシャクルトンが口を開いた。

「船長、ここをどう思う？」

「どんなところだろうと、陸地だというだけでありがたいですな。われわれは、喰《く》うことも寝ることもできずに、死にかかってたんですから」

こう言ってからつけたした。

「でも、ちょっと見まわしたかぎりでは……ま、楽園というわけにはいきませんな」

ずいぶんひかえめな言い方だった。彼らの背後には、頭を霧に包まれた二百四十メートルもの黒い絶壁が、すごみをきかせてそそり立っている。さらにその後ろには、氷河と雪におおわれた七百六十メートルの山頂がそびえていた。

鵜《う》、トウゾクカモメ、マダラフルマカモメが、霧から現れたりかくれたりして旋回している。色彩といえば、オレンジ色の苔《こけ》だけ。しかも、崖に残された高潮線は、彼らの上陸地が決して安全ではないことを示していた。海が荒れたら、彼らのいる入り江は高潮にのまれてしまうだろう。緊急にしなければならないことは、もっと安全な浜辺を探すことだ。今後の計画を練《ね》るのはそのあとだ。

しかし、何はさておき、とりあえずは休息が必要だった。その日はずっと寝たり食べたりして過ごした。アザラシをさらに四頭つかまえたので、コンロの火を保つ獣脂《じゅうし》もたっぷりあった。シャクルトンは、翌朝九時半まで隊員たちを寝かせておいてから、そのあとで状況を説明した。すみやかにボートを出して、移動しなければならない。

十一時、ワイルドと五名の男が、荒波のなかにウイルズ号を押し出し、別の上陸地を探しに出た。岸から三、四キロ先を、浮氷《ふひょう》やこわれた氷山のかけらが帯のように流れ、冬が近いことを思わせた。

残った男たちは、しばらくのあいだ食べたり休息したりを続け、足の下にある固い土の感触を楽しみ、固くなった手足を伸ばした。氷河の氷を解かして飲み水もつくった。食糧や備品、テントを岬の高いところへ移して、ワイルドの一行がもどるのを待った。

ウイルズ号が、小石をジャリジャリいわせて浜辺へもどってきたときには、もうあたりは暗くなっていた。疲れて腹をすかせたワイルドは、アザラシのステーキをむさぼりながら、九時間にわたる海岸線の探索《たんさく》について報告した。適当と思われる場所がただひとつ、西へ十一キロのところにあった。そこもまた狭い入り江だが、ペンギンの繁殖地が近く、山腹《さんぷく》にそって氷河が張り出している。ボスは夜明けに出発することを決めた。

翌朝五時、食糧や備品を積んでボートを再び海へ押し出した。崖にそって二時間も漕《こ》ぐと、風が力を増し、すぐに強風となった。風は波を岩にたたきつけてくだき、しぶきをボートの男たちにあびせかける。しぶきは、男たちの上で凍ってジャリジャリする氷となった。

荒波に逆らって前進しようと奮闘したが、必死でオールを漕いでもちっとも進まない。島の断崖にぶつかっては引く大きな波に、ボートは木の葉のようにゆれた。どこかでグリーンストリートが、両手のミトンをなくしてしまった。おかげで手のマメが凍ってしまい、皮膚の下に石が入ったようだった。マクリンも片方のミトンを失い、オールを持つ手が凍傷《とうしょう》で白くなった。ブリザードのなかを、何時間も西を目指しての戦いが続いた。

三時にやっとその浜が見えた。最後のふんばりで、牙《きば》をむく大波を縫《ぬ》って進み、やっとのことで波の届かないところまでボートを引き上げた。すぐさま何人かで岩にいたアザラシを殺すと、グリーンストリートがよろめきながらやってきて、湯気《ゆげ》を立てている血まみれの死体に、凍りついた手を突っこんだ。

疲れ果てた隊員たちは、新しいキャンプ地を調べようと、しびれた足でよろよろ歩いた。しかし、果たしてここは、最初の入り江よりましなのだろうか? 吹きさらしで、見事に何もないところだ。突風がそこに置いたばかりの備品をいくつかさらっていき、ぼろぼろのテントをひとつ引きさいた。その浜は高潮線より上にあるため、嵐がきても流される心配はないということだけが、たったひとつの利点だった。

風が周囲で金切り声を上げているなかでは、テントを張るなんて無理な相談だ。しかたなく、男たちが野ざらしで地面の上に寝ていると、背中に雪の吹きだまりができた。ブリザードはそのまま、まる二日間続いた。みんな寝袋や毛布の中にもぐったままで、あえて這《は》い出ようとする者はいなかった。

四月十七日、新しい場所に来て二日後に、シャクルトンは全員にペンギンをとりに行くよう命じた。とってきたペンギンの皮を凍える手でむいているあいだも、風は吹き続け、息をするたびに雪で喉《のど》が詰まった。

シャクルトンにも、それからみなにも、この荒涼とした地で一冬持ちこたえることは難しいとわかっていた。アザラシやペンギンが冬じゅういるとは限らないし、それに、たとえ夏まで持ちこたえられたとしても、捕鯨《ほげい》船がエレファント島の近くに来ることはめったにない。探検隊がこんなところにいるなどとは、誰も夢にも思いはしないのだから、捜索に来てくれるはずもない。

誰かが助けを求めに行かねばならない。人の住む地としては、南アメリカ先端のホーン岬が最も近く、ほぼ千キロの距離だった。しかし冬、ドレーク海峡を越えて真北へ航行することは、自殺行為だった。

風という風、波という波がひとつ残らず牙《きば》をむいてたち向かってくるだろう。可能性はただひとつ。風と海流を利用して、千三百キロ東のサウスジョージア島に向かうことだ。それが、ただひとつの頼みの綱であることは、何ヵ月も前からワースリーとシャクルトンにはわかっていた。

「船長、どんなに危険があってもこの旅をやらねばならない。隊員たちを飢《う》え死にさせるわけにはいかないんだ」

ボスは言った。

船長の声はほとんど風に飲みこまれた。

「ボートを一隻《せき》、私にくれますかね？」

ワースリーは、ボスはみんなと残るものと思って聞いた。

「いや、これは私の仕事だ」

シャクルトンはきっぱりと答えた。そして少し間《ま》をおき、男たちのほうをちらっと見た。

「隊員たちを置きざりにしなければならない。それを言わなくちゃならんのは、つらいな」

「彼らが助かりたいのなら、方法はこれしかありません」

ワースリーは言った。

シャクルトンは非常に厳しい顔をした。

「もしうまくいかなかったら、私が隊員を見捨てたと言われるかもしれない」

シャクルトンは最大の責務を背負いこんだ。ワイルドとも話し合いを重ねた。ワイルドは、自分もボートに乗り、隊長を補佐したいと望んだが、救助を待つあいだ、誰かが隊員たちのまとめ役を果たさなくてはならない。それができるのは、副隊長であるワイルドだけだろう。

とうとうシャクルトンは、全隊員を集めると、告げた。自分がジェイムズ・ケアード号に乗り、助けを求めに行く――。

即座に全員が進み出て、ボートの旅に同乗することを志願した。誰と誰を連れていくか、乗組員選びは難しかった。ワースリーにはどうしても来てもらわねばならない。これほど難しい航海の針路をとれるのは彼だけだし、ボートをあやつる技術も飛び抜けている。経験豊かな探検家であるクリーンも必要だった。それから甲板員のティム・マッカーシー。この男は、今までどんな困難なときも、常に快活でしっかりしていたし、若くて体力があった。

シャクルトンは、例の反逆事件以来、大工のマクニーシュに対してはいい感情を持ってはいなかったが、ボートに応急修理をほどこすためには、船大工が必要だ。最後に、ジョン・ヴィンセントを選んだ。若くて頑丈《がんじょう》な甲板員だが、トラブルメーカーでもあったから、ほかの男たちから遠ざけておきたかったのだ。出発は四日後と決定した。

出発までに、準備することがたくさんあった。マクニーシュは、長さ六メートル七十センチのケアード号の改装に取りかかった。荷物箱からはがした板とキャンバス布を使って甲板《デッキ》らしきものを張り、側面も上げた。竜骨《キール》はドカー号のマストで補強された。帆《ほ》を使って袋を縫《ぬ》い、五百キロ分の岩を詰めて底荷《バラスト》とした。

樽《たる》二つには、氷河を解かした飲み水を満たした。そして食糧と備品、携帯コンロ、フーシュ*をつくるためのそり用固形食六週間分、固形ブイヨン少々、砂糖、粉ミルク、ビスケットなどを積みこんだ。

今、ワースリーの手に残っている航海用の道具は、羅針盤《コンパス》、六分儀《ろくぶんき》と算数表、そして二十四時間式のクロノメーターがひとつだけだった。クロノメーターは、ロンドンから二十四個持ってきたのだが、もうこれひとつしか残っていない。

道具はたったこれだけ、目標は広漠《こうばく》のなかの小さな点、そして海は世界一の荒海。無謀《むぼう》このうえないが、ワースリーは一世一代の荒技に挑《いど》もうとしていた。

フーシュ　ペミカンを主成分とし、ときに乾パンなどを加えた濃厚なスープ。野営時の主食となる。

出発の前夜は不安で落ち着かなかった。ワイルドとグリーンストリートは、ワースリーと冗談《じょうだん》を飛ばし合った。ワースリーに、ビールをたくさん持ってきてくれと注文した。

シャクルトンは、最後に残ったタバコ二本をワイルドと分け合いながら、目前の計画以外のさまざまな事がらを検討した。手紙を書き、サインをして、ワイルドに手渡した。手紙には、もしシャクルトンが救助船を連れてもどらなかった場合は、ワイルドが残った二隻のボートに男たちを乗せて、自力で生還を目指すこと、とあった。

六人の救援部隊が出発する準備は完了した。

救命ボートの旅

最初の十日間

四月二十四日月曜日の朝、全員が六時に起床して、ケアード号の出発準備にかかった。ワイルドがボートの準備を監督しているあいだに、シャクルトンとワースリーは見張り台として使っていた小さな丘に登り、海を見渡した。氷の帯が岸から十キロほど先を北東へ向かってただよっている。しかし、巨大氷山がところどころにでんと居座っているために、そこを通過するときに、帯に切れ目ができる。決死隊は、そういう切れ目のどれかを通り抜けることができるだろう。

下では、ケアード号が波打ちぎわに降ろされ、底荷《バラスト》の袋、食糧の箱、手動ポンプ、鍋《なべ》、トナカイの毛皮の寝袋六つ、そのほかの備品が次々に積みこまれていた。正午には、荷を積んだケアード号は磯波《いそなみ》の外に出ており、そこまでスターンコウム・ウェルズ号が、残りの荷物を運んで往復していた。シャクルトンとワースリーが見張りからもどってきて、全員で固い握手をかわした。決死隊の六人はボートに乗りこみ、海へと漕《こ》ぎ出した。

浜では残された二十二人の男たちが、口々に声援を送り、手をふった。

「幸運を祈ります、ボス！」

シャクルトンは一度だけ振り返ると、手をあげてこたえた。うねる波に向かって帆《ほ》をあげたケアード号を見送ってでもいるかのように、ジェンツーペンギンがヒョコヒョコ泳いでいた。ボスはマストに腕をまわして前方を見て、舵《かじ》をとっているワースリーに氷を迂回《うかい》する場所を指示した。

スピードを出して二時間帆走《はんそう》すると、さっき見張り台から見えた氷の帯のところまで来た。帯にそって東に行き、通り抜けられる氷の切れ目を探した。浸食されていびつになった巨大氷山が、波にゆられてぐらぐらしている。はじきだされた氷盤《ひょうばん》の破片がボートにぶつかってきて、舷側《げんそく》がこすられた。氷の帯はうねりに乗るたびにギシギシと不気味な音を立てた。

一時間後に切れ目が見つかり、突破するためにボートを北へ向けた。やっと反対側に出られたのは、暗くなる直前だった。肩ごしに振り返ると、遠く後方にエレファント島の小さな影が見えていた。

シャクルトンとワースリーは、東へ向かう前にまずできるだけ北へ行ったほうが安全だ、ということで意見が一致していた。理由のひとつは、北へ行けば厳しい寒さから早く逃れられること。また、昼も夜も航行するつもりだったの

1916年４月24日、救援を求めてサウスジョージア島へ向かうために、
ジェイムズ・ケアード号を海に降ろす。

で、浮氷《ふひょう》のないところに出ておく必要があった。暗がりで氷のかたまりに激突したら、彼らの旅もそこで終わりだ。午後十時には、水中の氷はだいぶ少なくなったように見え、気分は明るくなった。ここまでは順調だった。暗やみの中では、マストで風にはためく小さな青いペナントを頼りに舵をとった。

船は狭苦しく、大変なことばかりだった。六人は二組に分かれて当直をした。シャクルトン、クリーン、マクニーシュが四時間舵をとり、容器やポンプで水をくみ出しているあいだに、ワースリー、ヴィンセント、マッカーシーが眠る。というより、眠ろうと努力する。それから交代。つまり、四時間ごとの交代勤務だ。

寝袋は、間《ま》に合わせで船首につくった甲板《デッキ》の下にあった。そこへ行くには石の底荷《バラスト》の上を四つんばいで進み、次に腹ばいになって、食糧の箱の上をくねって進まなければならない。それから、狭いところでかろうじて向きを変えて寝袋に入り、大波にボートが激しくゆれるなかで、何とか眠ろうと苦しい努力をした。一回の当直が終わる四時間ごとに、二組は狭いところをくねってすれ違い、場所を交代した。

眠るというしょせん無理な目的のために、船首でさんざん身体をぶつけているのと、冷たい海水をかぶりながらちぢこまって舵をとるのと、どっちが苦しいか？　男たちが答えにつまるほど、どちらも悲惨だった。

防水された衣類は一枚もなく、全員がウールの服を着ていたが、ウールは水を吸う。航海のあいだじゅう、ずっと男たちは濡れたままだった。気温が氷点下であるうえ、身体が温まるほど動きまわるスペースもなかったので、いつも寒かった。寒い？「寒い」という言葉がしっぽを巻いて逃げ出すほどだ。冷凍庫の中に、びしょ濡れの服を着て入ることを想像できるだろうか？ 風と氷雨《ひさめ》にたたきつけられる男たちの状態は、それ以上に悲惨で、寒さで骨が凍りつくようだった。

船首は常に波をかぶり、貧弱な甲板《デッキ》の上をバケツ何杯分もの水が流れた。船底には常に水がたまっていて、舵をとっていない当直の二人は、休むことなく容器やポンプで水をくみ出さなければならない。トナカイの毛皮の寝袋はずぶ濡れとなり、くさり始めていた。抜けたトナカイの毛が飛び散って、息をするたびに鼻や口に入り、飲料水や食糧にも混じった。

この旅のあいだは、クリーンが料理係をつとめた。木の葉のようにゆれるボートの上では、簡単な料理といっても簡単ではなく、手ぎわを必要とする仕事だった。

クリーンとワースリーが向かい合って腰を下ろし、舷側で背中を支えて足を突き出して、足で携帯コンロをはさむ。ワースリーが深鍋を押さえているあいだに、クリーンがコンロに火をつけ、水とそり用固形食を鍋に入れてかきまわした。ボートがゆれるたびに、貴重なフーシュがこぼれないように、ワースリーがすばやく鍋を空中に持ち上げた。フーシュができあがると六つのボールに分け、みんな甲板《デッキ》の下にうずくまって、やけどするほど熱いうちに食べた。舵をとっている者も冷めないうちに食べられるように、誰であれいちばん始めに食べ終わった者が出ていって交代した。

この食事のほかに、シャクルトンは一定の時間おきに、熱いミルクと砂糖を出すよう命じた。エンジンのついていないボートを動かし続けるためのただひとつの方法は、自分たち自身に定期的に燃料を補給することだった。

三日めからは、ひどい天気になった。強風が雪のスコールをともなって吹きすさび、海が荒れた。想像を絶した高波が絶え間なくおそってくる。風上に向かったケアード号が、おそいかかってくる波に乗り上げ、そして急降下するたびに、しぶきが思いきり男たちの顔を打ちすえた。すさまじい強風は四日間続き、ボートは北へ北へと押し流されて、緯度六十度を越えた。

ケアード号のとなりを難破船の残骸《ざんがい》が流れていった。男たちは残骸が消えていくまで見つめていたが、やがて背を丸めて、自分たちの小さなボートが正しい針路を行くように働き続けた。

シャクルトンはこう書いている。「ボートはあまりにも小さく、海はあまりにも広大だった。波と波のあいだに一瞬の静けさがあり、ボートの帆がだらりと下がる。しかし泡だってくだける波頭に向かって、次の斜面を登っていくと、すさまじいまでの強風の怒りにさらされた」。

ワースリーの航海術は、もはや科学というより、ほとんど魔術のようなものになった。太陽を観測するためには、操舵席《そうだせき》にひざまずかなければならない。そのあいだ、ヴィンセントとマッカーシーは、彼の腰をしっかりと抱きかかえている。そうしなければ、ボートが激しくゆれたときに、ワースリーは真っ逆さまに海に落ちるだろう。また、シャクルトンがクロノメーターを持って構えている横で、ワースリーはボートが波頭に乗るのを待ち、水平線が見えたと同時に「今だ！」と叫んで、太陽の高度を測るのだった。

彼の大事な算数表は、濡れた紙のかたまりになりつつあった。太陽観測はあてずっぽうを積み重ねるようなものだった。表で位置を調べるのに、濡れたページを一枚一枚はがさなければならない。それからえんぴつで計算するのだが、それがこっけいなほど困難なのだ。ボートが木の葉のようにゆれるので、自分の字を読むことすらできなかった。そもそも旅のあいだじゅう、あまりにひどい天気が続いていたため、太陽をとらえられたのはたった四回だけだった。

エレファント島を出発したときから、一羽のアホウドリが、優雅なはばたきで空高く飛んだり少し下りたりしながら、ずっとついてきていた。この鳥は、その気になれば、ほんの数時間でサウスジョージア島に着くことができるのだろう。しかしジェイムズ・ケアード号の男たちは、海の表面をまるで虫が這《は》うようにして進んでいる。ワースリーはこれまでに何キロ進んだか計算するたびに、遅々《ちち》として進まないのを鳥に笑われているような気になった。

航海に出て七日め、風はまたなぐりつけるような強風に変わり、気温は急速に落ちこんだ。凍った帆に厚く氷が張りつき、その重さでボートが転覆する心配があった。風の怒号《どごう》を聞きながら、帆を降ろして巻き、船底の狭苦しいスペースに突っこんだ。それから、キャンバス製の円錐《えんすい》型の海錨《シー・アンカー》を水中に落として牽引《けんいん》し、船首の向きを暴風の方向に保った。

波は、夜どおしジェイムズ・ケアード号におそいかかっては、たちまち凍りついた。初めは、これですきまだらけの甲板《デッキ》がふさがり、水が漏《も》ってこなくなるとほっとした。ところが翌朝、ボートが重く、おかしな動き方をしているのに気がついた。ひどいことになっていた。ボートの喫水線《きっすいせん》から上がすっぽり、四十センチもの厚さの氷におおわれていて、おかげでボートは沈みかかっていた。

「ケアード号が海面をすべらなくなっているのを感じた」と、のちにシャクルトンは言っている。「波に乗れなくなっていた。氷の重みのせいで、ケアード号はボートというより、ただの丸太になりつつあった」。

　氷をはがさなくてはならない。男たちは交代で、氷におおわれた甲板《デッキ》の上で四つんばいになり、斧《おの》で氷をたたき割った。「初めに手をかける割れ目、次にひざを支える割れ目をつくれ。それから急いで氷をたたき割るんだ。波がかぶさってくることがあるから、注意しろ」とワースリーは説明した。

　しかし、この仕事は恐ろしく危険なうえ、寒さで身体が凍りつくようになり、誰も五分以上は耐えられなかった。五分ごとに次の者と交代するしかなかった。

　翌日もずっと強風は続いた。シャクルトンは、舵をとっているワースリーと交代しようと、這って出ていった。ちょうどそのとき、大きな波が船長の顔をまともにたたきつけた。シャクルトンは舵のロープをつかんで、「水がしたたって、いい男っぷりじゃないか」と言った。二人の男は何とか笑うことができた。

　暴風は続き、海錨《シー・アンカー》をつないだロープに大きな氷のかたまりがこびりついた。このかたまりがゆれるたびに、船尾をノコギリのようにこすった。九日めの正午少し前、海錨《シー・アンカー》がこわれて流されてしまい、波が舷側に当たってボートは大きく傾いた。

　男たちは何度も甲板《デッキ》に這っていって、ボートをおおった固い氷を取り除かなければならなかった。生まれてからこれまでに体験したきつい仕事のなかでも、これほどつらい仕事はない、というのが全員の一致した意見だった。午後になってから、やっと暴風が静まった。

暴風がやむと、船の中のものは何もかもずぶ濡れだった。もっとも、男たちは、その前からとっくにびしょ濡れだったのだが。寝袋はぬるぬるして、ぞっとするようなものになっていたので、なかでも特にひどい二つを船外に投げ捨てた。

「三日めになると、われわれの足はふくれあがった」。ワースリーはのちに書いている。「表面が凍傷《とうしょう》になり始めていた。常に海水につかっているうえ、気温はときにマイナス二十度近くまで下がり、そのうえ運動することもできなかったからだ。最後の暴風のあいだに、足は死んだように白くなり、表面の感覚がなくなっていた」。

厳しい天候にさらされ続け、男たちは消耗《しょうもう》しきってきていた。一日二回温かい食事をとってはいたが、新鮮な肉が食べたくてたまらなかった。マダラフルマカモメがやってきて、よくボートのまわりを飛びまわっていたが、この人なつこい鳥を殺す気にはなれなかった。上空ではまだ大きなアホウドリが船のおともをしてきていたが、おともの鳥を殺すことは不吉だった。

男たちの苦痛は、地獄の責め苦のようになった。寒く、凍傷にかかり、海水のせいで水疱《すいほう》だらけ。それが濡れたズボンにこすられて、足は赤むけとなった。

船底の状態も耐えがたかった。くさった寝袋が悪臭を放っていたし、動かすたびに、トナカイの毛が抜け落ちてもうもうと舞うので、息をするたびにむせかえった。船首のゆれがあまりに激しいので、あざだらけだったし、何よりも眠れないのがつらかった。

五十を過ぎているマクニーシュは、ほとんど限界だった。元気でいなければならないはずのヴィンセントも、倒れかかっていた。シャクルトン、ワースリー、クリーン、マッカーシーが二人の分をカバーしたが、四人ともほとんど気力だけでもっていた。誰か一人が特に具合が悪そうになると、ボスは全員に熱いミルクを飲むように命じた。そうすれば、ボスが熱い飲み物を本当に飲ませたい一人が、休憩は自分のためだと気づかずにすむし、結局全員が、温かさと栄養を必要としていたのだ。

暴風がやんだ夜、シャクルトンは立つでも座るでもない中腰で、寒さに背中をまるめて舵をとっていた。南を振り向くと、水平線にそって一本の白い線が見えたので、

「おーい、晴れてきたぞ！」

と大声を出した。しかしもう一度振り返ってみて、絶叫した。

「つかまれえっ！　波に飲まれるぞ！」

白い線は晴れ間ではなく、ぶくぶく泡だっている波頭だった。見たこともな

いほど巨大な高波がこちらに迫ってくる。ワースリーが寝袋から這い出そうとしたときに波がぶちあたり、一瞬、ボートは完全に水中に没したように思われた。

ワースリー、クリーン、ヴィンセント、マッカーシー、マクニーシュは、死にもの狂いで水をくみ出した。ポンプ、鍋、ひしゃく、自分の手、目についたものはかたっぱしから使った。転覆するかしないかの運命をかけた水との格闘は、一時間にわたった。闘いが終わったとき、自分たちが沈まなかったことが信じられなかった。そして、もう二度とあんな波には出会わずにすむようと、ひたすら祈った。

十日めに太陽が顔を出して、ワースリーはボートの位置を調べることができた。彼の計算によれば、これまでにエレファント島から七百十五キロ進んでおり、距離の半分は越えた。空が晴れ、この航海で初めての好天にめぐまれたおかげで、みなの気分は明るくなった。

濡れた寝袋と衣類を甲板《デッキ》に運び、マストやロープにつるした。乾くとまではいかなかったが、ずぶ濡れだったのが湿っているという程度にはなった。サウスジョージア島まで半分以上来たのだ！　男たちの心ははずんだ。

「私たちは海という広大な広がりのなかのちっぽけなシミだった」とのちにシャクルトンは書いている。「自分たちの前に立ちはだかる力を思うと、恐怖ですくんでしまうこともあった。それでもボートが波に乗り、虹《にじ》のようにきらめく水しぶきをあげて波頭を飛び越えると、もう一度希望と自信がわいてくるのだった」。

残る道のりは半分以下だった。

救命ボートの旅の終わり

三日間よい天気が続いた。とはいえ、青空が見えたのは一回きりで、ワースリーが観測できたのはそのときだけだった。彼らはひたすら東へ進んでいた。

船首が波をかぶるので、男たちはあいかわらずびしょ濡れで寒かったが、少なくとも暴風や怪物のような波に苦しめられることはなかった。

しかし、エレファント島を出てから十二日め、とんでもないことが起こっていることに気がついた。エレファント島で真水《まみず》の樽《たる》を二つ積みこんだとき、ひとつが岩にぶつかった。どうやらそのとき樽にひびが入っていたらしく、樽の水に海水が混入していて、飲めたものではなくなっていた。水の割り当ては、一人一日半カップに減らされた。しかも、水はガーゼでこして、トナカイの毛を取り除かなければならなかった。何もかもがトナカイの毛だらけだった。

男たちは、風と海水のせいで真っ赤に充血した目を、前方の海に向けていた。ひび割れたくちびるをなめては、陸地は見えないかと、凝視《ぎょうし》し続けていた。

十四日め、暗くなる直前に、海藻《かいそう》が浮いているのが見つかった。「陸が近いしるしだった。みんなが歓声をあげた」とワースリーは書いている。彼の計算が正しければ、サウスジョージア島まであと百三十キロのところまで来ていた。サウスジョージア島の捕鯨《ほげい》基地は、すべて北東の海岸にあった。しかし、ケアード号は南西から近づくことになる。シャクルトンとワースリーは、どこから上陸したらよいかを話し合った。南西の海岸線は、ほとんど海図にのっておらず、果たして上陸できるような入り江があるかどうかまったくわからなかった。とはいえ、反対側にボートでまわろうとすれば、流されて島を通りすぎてしまう危険がある。万が一、大西洋に出てしまったら、その先はアフリカまでまったく陸地はない。

「算出した位置は確かか？」

ボスはワースリーにたずねた。

「誤差は十キロ以内だと思う。でも、そのくらいの誤差は覚悟してくれ」

と船長は答えた。

シャクルトンは眉《まゆ》をひそめて、行く手に広がる果てしない海を見つめた。絶対に、通り越してしまうわけにはいかない。より安全な方法、つまり無人の岸へ向かうしかないだろう。

エレファント島を出てから十五日めの五月八日、霧が深く、海は不機嫌《きげん》に荒れて波も高かった。男たちは無残なほどびしょ濡れだったが、霧の向こうに一羽の鵜《う》が見えたので、いっせいに活気づいた。口々に、この鳥は陸から二十五キロ以上離れることはないと主張した。間違いなく陸は近い。

正午には霧が晴れ、低い雲が西北西から船首を横切って消えていった。雨が激しいスコールとなり、彼らをたたいては、ザーザーと音を立てて波に飲みこまれていく。そのとき、マッカーシーが大声を出した。

「陸だ！　陸が見えたぞ！」

前方十五キロ付近に、まだらに雪をかぶった黒い山がそびえているのが確かに見えた。しかし次の瞬間には、飛んできた雲に視界をさえぎられた。男たちの顔は、笑いとも何とも説明できないものでゆがんでいた。シャクルトンの口がブルブルふるえて、しゃがれた声が出た。

「とうとうやったぞ」

彼らは前進し、三時ごろには、雪におおわれた岩のあいだに草がはえているのが見えるくらいまで島に接近した。しかしやがて、太陽が怒ったような赤さに変わり、沈み始めても、まだ接岸できる場所が見つからなかった。失望する気持ちをそれぞれがぐっと飲みこんで、危険な海岸から遠ざかり、夜が明けるのを待った。

「西からの激しいうねりが増した」とワースリーは書いている。「ケアード号は一晩じゅう、荒れ狂った危険な海にふらふらと浮かんでいた。海はあらゆる方角から迫ってくるようだった。ときには向かいあってやってくる二つの波を同時にかぶった」。

夜明けには、これまでに経験したこともない嵐となった。正午には吹きすさぶ風はハリケーン級となり、次々に雨、雪、霰《あられ》、雹《ひょう》をたたきつけてきた。風は狂乱の叫びをあげて、ボートを岩壁へたたきつけようとする。波はボートを空高く、うず巻くハリケーンの中へと放り上げ、それからほとんど無風の波間へと突き落とす。波がひとつ来るたびに、ボートは岩壁へ岩壁へと追いやられた。

このまま行けば、やがて岩壁にたたきつけられてこっぱみじんになってしまう。それを避けるには、帆走《はんそう》して逃げ出すほかない。ワースリーは、このボートは喫水線《きっすいせん》が深く、水の中ではひじょうに背が低いため、舷側《げんそく》は風の的《まと》にはならないことを知っていた。いちばん小さい二つの帆《ほ》を張れば、風の中を這《は》うようにして岸から離れることができるだろう。

吹きすさぶ風で帆は甲板《デッキ》に張りつき、張るのに一時間以上かかった。それでも何とか張り終えると、ボートは風上に向かって間切《まぎ》り始め、押し寄せる波に向かって突っこんでいった。牙《きば》をむいた波が次々におそいかかり、ケアード号を飲みこもうとする。

「全員が命がけで、容器やポンプで水をくみ出しているあいだに、ボートは一瞬止まる。しかしまた、疾走《しっそう》してくる水の壁に、まるで石の壁にでもぶつかるように、ドカン！　と力いっぱいぶつかる。その衝撃の強さのあまり、船首の厚板にすきまができ、そのすきまから水が噴水のように吹きだした。ボートは止まり、ふるえ、そしてまた前に突進した」とワースリーは書いている。

午後いっぱい、そして夜に入ってもこの試練は続いた。これまでくぐり抜けてきたあらゆる危険のなかでも、これは最悪と思われた。彼らは絶対に振り返らないようにしていた。背後で波がぶつかる音を聞くだけで、岩壁にたたきつけられる危険がすぐ後ろに迫っていることがわかった。

その晩九時を少し過ぎたころ、ハリケーンはおさまり始めた。九時間ぶっ続けでハリケーンと戦っていたのだ。ずっとあとになって、このハリケーンのせいで、ブエノスアイレスを出た五百トン級の汽船が沈没し、乗組員もろとも海の底へと沈んだことを知った。

暴風がおさまったので、半分の者は船首に這っていって少し睡眠をとろうとした。食事など問題外だった。水は一滴残らずなくなっていたし、口と舌はかわきではれあがってしまい、食べ物を飲みこむことができなくなっていた。

太陽がのぼると、男たちは充血した目で、サウスジョージア島の海岸をじっと見つめた。何としてもその日のうちに上陸を果たさなくてはならなかった。

そうしなければおそらくマクニーシュは死ぬだろう、とシャクルトンは思った。

クリーンが寝袋から這い出し、甲板《デッキ》の下から身をよじって出ようとしたとき、マストの締《し》め金《がね》を固定していた釘が、ポロリと肩に落ちてきた。ハリケーンのあいだ、ほんの先端だけで持ちこたえていたのだ。今釘が抜けて、締め金がはずれため、マストは前に倒れた。それをマッカーシーが危ないところでおさえた。クリーンは仰天《ぎょうてん》して、抜け落ちた釘をつまみあげた。

「どんなにすさまじい力が、この釘にかかったことか！　しかし、この釘は最後の最後までもってくれた。まるで釘自身が、自分がわれわれの命を支えていることを知っていたかのようだった」とシャクルトンはのちに述べている。もしマストがハリケーンの最中に倒れていたら、彼らの命はもちろんなかっただろう。

今、ハーコン湾という名前の湾が、十五キロ前方にあった。その狭い湾を目指して、ワースリー、ヴィンセント、クリーン、マッカーシーが、二本のオールを交代で握ってボートを進めた。まる一日かかって、帆走し、漕ぎ、また帆走し、漕ぎ、というふうにジグザグに進んだ。そのあいだも、氷があったら解かして飲もうと、行く手の水を必死で探したが、ひとつも見つからなかった。何とか上陸できそうな入り江が見つかったときには、短い冬の日はもう暮れかかっていた。

風に後ろから押されるようにして、湾の奥に入っていった。波が大きな岩に当たってくだけ、夕やみに白いしぶきを飛ばしている。入り江の両端は、二十五メートルの高さの絶壁だったが、南西のすみに乗り上げられそうな岩浜が見えた。シャクルトンは、船首に立って操舵《そうだ》を指揮した。漕ぎ手たちは、漕ぐたびに海藻がからみついてくるのを感じた。

ついに、竜骨《キール》が岩の表面をかすったときには、すっかり暗くなっていた。十八ヵ月ぶりに、サウスジョージア島にもどってきたのだ。足元には氷河が解けてできた水たまりや小川があり、流れて海に注いでいた。男たちは地面に手とひざをついて、犬のようにピチャピチャと水を飲んだ。

しびれるようにうまい水だった。

洞穴

シャクルトンは、休む前に荷を下ろして、ボートを浜に引きあげるよう命じた。男たちは疲れきっており、脚がはれあがって痛かったので、水の中をザブザブ歩いたり、足場の悪い浜を上がったり下りたりするのに何時間もかかった。荷物を運び終わったときには、もうボートを岩の上に引きあげる力は残ってはいなかった。つなげるところもなかったので、交代でジェイムズ・ケアード号のもやい綱《づな》をしっかり握っていることにした。くだける波の中で、ボートは岩に何度もぶつかった。

しばらくすると、あたりを偵察してきたクリーンが、そう遠くないところに洞穴《ほらあな》があると報告した。広い洞穴ではなく、崖にできたくぼみのようなものだったが、入り口にカーテンのような巨大なつららがあって、外界からさえぎられていた。

六人の男たちは、濡れた寝袋を石の上に広げると、その上に倒れこんだ。少しでも温まろうと、身体をくっつけ合って眠った。

二日間は、体力を回復することに専念した。ヴィンセントとマクニーシュは動くこともできないほど衰弱《すいじゃく》していて、ぼうっとしたまま洞穴にこもっていた。ほかの四人、シャクルトン、ワースリー、クリーン、マッカーシーは、洞穴のまわりを偵察した。雑草を見つけ、洞穴の床に敷きつめて、少しでも居心地をよくした。入り江の一方の端には、難破した船の残骸《ざんがい》がたまっていた。長い年月のあいだに山と積もったらしく、薪《まき》の材料にこと欠かなかった。ハッチの扉や滑車装置、円材《スパー》、マスト、保管箱……。ここは、船の墓場だったのだ。

この入り江のある長いフィヨルド*の湾には、氷河の先端が十二かあるいはそれ以上も顔をのぞかせていた。氷河の先端が海に落ちて氷山ができるときのものすごいひびきが、一日に何回も聞こえていた。音がするたびに、鳥たちがかん高い声を上げて飛び立った。

足が乾いて血がめぐり始めると、足が燃えるような感じがする。ある晩、足を火のそばに置いて眠っていたワースリーは、自分の足が本当に燃えているように感じて何度も目を覚ました。ほかの連中が、自分も同じように感じているから大丈夫だと説得した。だが翌朝、ワースリーの靴下は焼けこげていた。足をやけどしないですんだのは、ちょっとやそっとでは焼けないほど、足の皮膚に水がしみこんでいたためだった。

みんなの手も顔も、コンロから出た煤《すす》や煙が垢《あか》といっしょになって、厚くこ

フィヨルド　陸地の奥深く入りこみ、両岸が切り立った崖になっている入り江。氷河が沈みこんでできたと考えられている。

びりついていた。何人かは雪で汚れを洗おうとした。手を洗っていたワースリーは、「垢がぼろぼろめくれる」と言って顔も洗おうとしたが、黒い油汚れが顔全体に広がっただけで、いっこうにきれいにはならなかった。

痛む足を引きずって、彼らは、近くの崖の斜面を調べた。アホウドリのひなが見つかり、おかげで最高においしいフーシュのシチューができた。ゾウアザラシも一、二頭、食糧に加えることができた。男たちは食べては眠った。

ある晩、シャクルトンが、

「みんな、危ないぞ！　危ない！　つかまれ！」

と叫んだので、みんなは目を覚ました。

「どうしたんです、ボス？」

ワースリーが聞いた。

まだ寝ぼけたまま、シャクルトンは奥の黒い壁を指さした。

「それがこっちに押し寄せてくる」

巨大な波の夢を見て、うなされていたのだった。

こうして数日間休息したのち、行動を起こすときが来た。アザラシの肉を食べたり、流木のたき火で足を温めたりして、冬じゅう洞穴でぐずぐずしているわけにはいかなかった。エレファント島で仲間が待っているのだ。

もし、捕鯨《ほげい》基地までボートで行くとすると、サウスジョージア島を岸ぞいにぐるりと半周しなくてはならない。危険な航海がほぼ二百キロ続くが、果たしてケアード号は航海に耐えられるだろうか？　海でもまれ続け、この浜に到着してからも岩にぶつかったりこすったりした結果、船体には完全にガタがきていた。船板は、場所によってはボール紙の薄さにまですり減っていて、何とか船の形は保っているものの、ぬけがらも同然だった。

不可能だ。ケアード号で二百キロ航海することは、どう考えても不可能だった。それでは尾根を越える？　島をまっすぐに横断すれば、その距離は四十七キロだ。シャクルトンとワースリーは、雲を突き抜けてそびえている、切り立った尾根と氷河を見つめた。これまでにサウスジョージア島を徒歩で横断した者はない。南極海のアルプスと呼ばれる山脈は、ヨーロッパのアルプス山脈にも負けないほどけわしく、しかも地図もない……。

しかし、シャクルトンにとって、ほかに道はなかった。自分を待っている二十二人の仲間のことを思うと、シャクルトンの胸は苦しかった。彼らが待っている……。「ボス」が帰ってくるのを待っている……。何ヵ月ものあいだ、隊員たちはボスを信頼して、自分たちの命を、希望を、すべて彼の手にゆだねてきた。隊員たちを救える場所が、たった四十七キロ先にあるのだ。こんなところでへたりこんでいるわけにはいかない。

彼は、ワースリーとクリーンをともなっていくことにし、マッカーシーは残してマクニーシュとヴィンセントの世話をさせることにした。軽装で行こう。寝袋は持たず、速く、できるだけ休まずに歩く。そり用固形食とビスケットを三日分だけ持ち、携帯コンロとやはり三日分の燃料を持った。斧《おの》を一本と、短いのをつなぎ合わせた十五メートルのロープ。そしてワースリーの羅針盤《コンパス》と、サウスジョージア島の海外線だけを記した地図を持った。地図の内陸部は真っ白だった。

五月十八日、午前二時。満月がこうこうと照らしていて明るかった。シャクルトンは、いまこそ出発の時間だと判断し、ワースリーを起こした。

「船長、さあ出発だ」

南極海のアルプス

シャクルトン、ワースリー、クリーンの三人は出発した。くるぶしの深さの雪を踏みしめ、山を登っていった。長期間、氷に閉じこめられた生活を送ったあげくのあの凄絶《せいぜつ》な航海で、身体がまだ衰弱《すいじゃく》していた。

山登りを始めると、体力が落ちていることを思い知らされた。針路は引き続きワースリーがとった。島の地図と羅針盤《コンパス》を雪の上に置き、前方の遠い頂《いただき》や峠《とうげ》を観察して、自分たちの位置を確認した。出発点から六キロのあたりからは、おたがいの身体をロープでしばった。全体に足場が弱いうえ、あちこちに深い*クレバスが口を開けていて危険だった。シャクルトンが先頭に立ち、道を切り開きながら進んだ。

「明るい月の光に、怖《こわ》いほどけわしい地形がその姿をさらしていた」とシャクルトンは書いている。「そびえる峰、とりつくこともできない絶壁、切り立った雪の斜面、急落する氷河が、あらゆる方向に見えた。そして氷床《ひょうしょう》をおおって雪原が広がっていた」。

クレバス　氷河の表面にできた深い裂《さ》け目。幅は数十センチのものから数メートルのものまであり、深さは三十メートルに達することもある。

疲れきってしまわないように、十五分ごとに小休止するという方法をとった。みんなは仰向《あおむ》けにどさっと横たわり、息を整え、霧のかかった山々が月明かりにぼうっとかすんでいるのを見上げた。そして、ひとつかみの雪をすすって喉《のど》のかわきを和《やわ》らげた。二分たつと、身体を引きはがすようにして立ち上がり、また歩き続けた。

八時に太陽がのぼった。彼らはそびえる山並みに向かって着実に登り続けた。聞こえるのは、雪を踏みしめる自分たちの足音だけだった。

あらかじめ目星をつけておいた峠に向かって進み、正午には何とかその頂にたどりついた。ひざまでの雪をかき分けて、必死で登ってきたせいで、汗をかき、息づかいも荒かった。頂上によじ登って、目を凝《こ》らして下を見ると、なんと反対側は真っ逆さまの崖ではないか！　日の光に輝く*氷瀑《ひょうばく》を見下ろしていると、強い風に顔を打ちすえられた。今来た道をもどり、方向を変えて第二の峠を目指す以外、どうしようもなかった。

第二の峠へ向かう道の途中で、シャクルトンは食事休憩をとることにした。ハーハーとあえぐ息を押さえて、雪の上で食事をした。それからまた自分で自分の身体を引きずりあげるようにして、第二の山頂を目指した。しかし、たどりついてみると、さっきとまったく同じで、反対側に降りることは不可能だった。失望で、誰もががっくりと落ちこんだ。それでも絶望的になる気持ちを無

氷瀑　河川の滝が凍った状態や、峡谷《きょうこく》の岩場の湧《わ》き水が凍って滝のように見える状態を指す。

理やり押し殺して、今歩いてきた道を一歩一歩引き返した。また次の峠を目指して、尾根にそって歩き始めた。彼らのいた地点は海抜千二百メートルほどのところで、気温も地形もヨーロッパのアルプスとよく似ていた。

　雪をかき分けて、苦労して進んでいくうちに、一人一人のなかに不思議な感覚が芽生えていた。実はこのとき三人がそれぞれ、そばにもう一人誰かがいる、と感じていたのだ。このことをおたがいに確認したのは、ずっとあとになってからだった。のちにワースリーは書いている。「今でも私は無意識のうちに、このときの隊員の数を数えていることがある。シャクルトン、クリーン、私、それからあともう一人は誰だったっけ？　もちろん、あそこにいたのは三人だけだった。しかし奇妙なことに、この内陸横断の旅を思い起こすたびに、いつも四人めのことを思わずにはいられない。そうしてから、いやあのときは三人だったと、心のなかで訂正するのだ」。

「あのときのことを振り返ると」とシャクルトンはつけたしている。「至高《しこう》なるものがわれわれを導いてくれたことを、私は疑うわけにはいかない……。三十六時間の長きにわたって、サウスジョージア島の名もない山や氷河をさまよっていたあいだに、『三人ではなく四人いる』という感じをしばしば実感したのだ」。

　のちに、三人の経験に宗教的な意味を見出した人たちがいた。だが一方で、「四人めの存在」は彼らが精神的にも肉体的にも極限まで疲労していたせいだと考える人たちもいる。

しかしそのときは、シャクルトン、ワースリー、クリーンともに、自分たちが感じていることを口には出さなかった。三人は重い身体を引きずって、第三の峠を登っていった。三度めも、反対側を降りることは不可能とわかった。彼らは歯を食いしばって、また一歩一歩、さっき登った道をもどった。

彼らと第四の峠とのあいだには広い雪原があった。雪原を横切っているうちに、深いクレバスを見つけた。あまりに深くて、ワースリーによれば「戦艦が二隻《せき》も中にかくれることができる」ほどだった。三人は右に向かってジグザグに歩いていき、夜になるころに第四の峠である山の鞍部《あんぶ》に到達した。

「やってみよう」

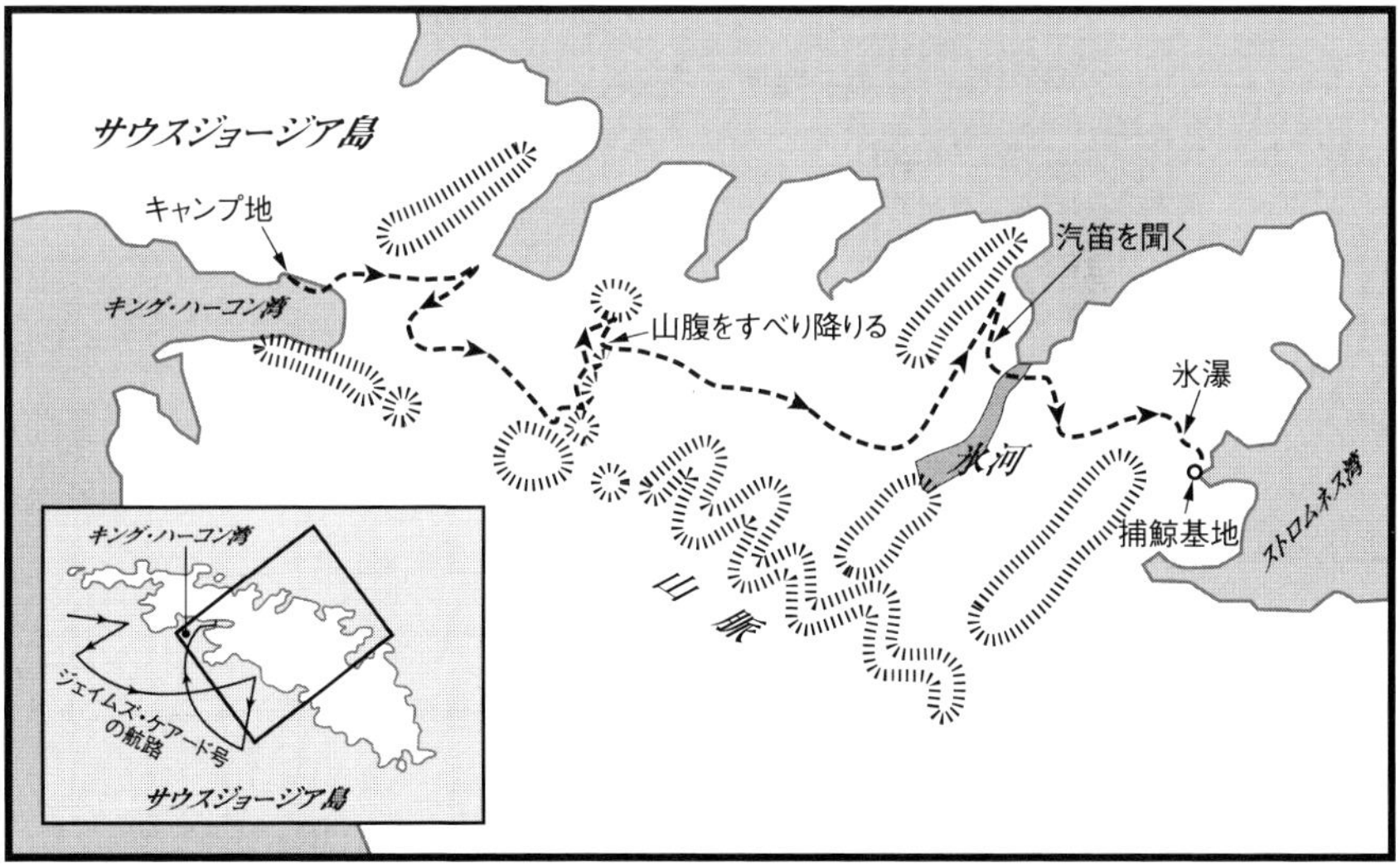

シャクルトン、ワースリー、クリーンが歩いたサウスジョージア島横断ルート。
この地図はシャクルトンによるスケッチをもとに作成された。

シャクルトンは言った。

彼は、斧《おの》で氷に足がかりをつくりながら、下り始めた。背後には海霧《かいむ》が立ちこめていて、急速に暗くなってきていた。二百メートルほど這《は》っておりた。一歩ごとに勾配《こうばい》はゆるくなっていくようだった。シャクルトンは休止して、ワースリーとクリーンが追いつくのを待った。そして二人が降りてくるあいだに、三人をつないでいたロープをきっちりと巻き取った。

雪をかぶった斜面は、下のほうが暗くて見えなくなっていた。斜面がどこで終わるのか、急に絶壁となって終わるのか、あるいは雪原となるのか、見当もつかなかった。今のスピードでは、今晩じゅうにこの頂を降りきることはできないだろう。寒風《かんぷう》が吹き荒れるこの頂で、身動きがとれなくなるのはあまりにも危険だった。ここで止まったら、三人とも凍死してしまうかもしれない。

男たちは目をこらして前方を見た。シャクルトンは問いかけるように一人一人を見つめ、そしてもう一度言った。

「やってみよう。危険このうえないが、やるしかない」

ワースリーとクリーンはショックを受けた。ふだんは慎重このうえないボスが、山を〝すべって〟降りようと言っているのだ。

「岩にぶつかったらどうするんです？」

クリーンがたずねた。

「ここにずっといられるか？」

シャクルトンは答えた。

「斜面が平らなところで終わっていなかったら？」

ワースリーはとまどいを声に出した。

シャクルトンの声は少しだけ大きくなった。

「ここにずっといられるか？」

二人は返す言葉がなかった。

黙ったまま、巻いたロープを尻の下に敷いて一列に座り、両ひざで前にいる人間の身体をはさんだ。リュージュ*用のそりなしで、リュージュをしようというのだ。

「それから、そうだ、だんごのようにくっついて、すべり降りた」とワースリーは書いている。「このときの最初の三十秒間ほど怖《こわ》い思いをしたことは、生まれてから一度もなかった。すさまじいスピードだった。暗やみの中での突進で、身の毛はよだち、息をすることも忘れていた……。だが、ありがたいことに、斜面は外側にカーブし、柔らかな雪の土手に飛びこんだ。われわれは二、三分で一キロ半ほどの距離をすべり降り、標高でいえば七、八百メートルは下がったと思う。立ち上がって、三人で握手をかわした。自分たち自身に大満足だった」。

リュージュ　ハンドルもブレーキもついていない木製のそりに乗り、氷でつくった傾斜コースをすべり降りる時間を競う競技。ハンドルとブレーキのついた金属のそりを使う競技は「ボブスレー」という。

なだれのきっかけをつくったかもしれないと思い、彼らは斜面の真下から少し離れた。それから携帯コンロに火をつけ、雪を入れて沸騰《ふっとう》させてフーシュをつくった。鍋《なべ》がひとつにスプーンが三つあるだけだった。フーシュができあがると鍋をまわして、一回につきスプーンでひとすくいずつ、交代で食べた。

「クリーンのスプーンがいちばんでかいぞ」

シャクルトンは冗談《じょうだん》で文句を言った。

「ほらほら、船長の口を見てくださいよ！」

クリーンは言い返した。

ワースリーは二人が言い合っているすきに、一回余計にスプーンを鍋に突っこんでいた。

何ヵ月もきたえてきたので、煮えたぎっているフーシュをそのまま食べられるようになっていた。ふるえていた身体に温かさがジワリと広がっていき、もう一度歩き出す元気がわいてきた。この旅を始めてから、十六時間がたっていた。

サウスジョージア島の背骨である切り立った尾根を歩いて、三人は着実に東へと向かっていた。前方の山あいからのぼってきた月が、次の峠へ向かう道を照らしていた。夜中の十二時には頂に着き、眼下に細長い湾が見下ろせた。午前二時には岩だらけの小島がいくつも見えるほど、下に降りていた。自分たちが見ているのがいったいどこの湾なのかはっきりしなかったが、何とかして捕《ほ》鯨《げい》基地に行きつくために、東へ東へと進み続けた。

降りていく途中で、あたりがクレバスだらけになってしまい、自分たちがいるのは氷河の上だと気がついた。暗がりでここを渡るのは危険すぎると判断し、シャクルトンは向きを変え、氷河を迂回《うかい》しようと決めた。五時に別の斜面を途中まで上がったところで小休止をとった。ワースリーとクリーンはうとうとし始めた。

「三十分したら起こすよ」

シャクルトンは言った。

彼は見張りを続けた。どうしても眠るわけにはいかない。南極でのさまざまな経験から、このような状況下での睡眠は、死の眠りとなりうることを骨身にしみて知っていたのだ。十分間が過ぎると、二人を突ついて起こした。

「三十分眠ったぞ」

彼は言った。

ワースリーとクリーンはしっかりと意識を取りもどした。二人は本当に三十分間眠ったかのように元気を回復していた。シャクルトンのうそのおかげで、二十分間の想像上の睡眠を得ていたのだ。男たちは立ち上がり、気を引きしめて前進し、急斜面を登っていった。

六時を少し過ぎたところで山がとぎれた。まだ暗かったが、下にぼんやりと陸の形を判別することができた。東にストロムネス湾がある！　とうとう目的地が見えたのだ。クリーンはせかせかと携帯コンロに火をつけ、シャクルトンとワースリーは地形を調査した。やがてクリーンが、

「フーシュのできあがり！」

と声をかけ、三人はスプーンを手に鍋を囲んだ。

「何時だ？」

シャクルトンがワースリーにたずねた。

船長はシャツの下からクロノメーターを引っぱりだした。

「六時五十五分です」

「耳をすませて、捕鯨基地の汽笛を聞くとしよう」

シャクルトンは言った。

しんとした冷たい大気のなかで、三人は息を止めるようにして待った。数分が刻々と過ぎていった。クロノメーターの針が七時へと進んでいくのを、じっと見つめていた。そのとき、ずっと下のほうから工場の汽笛の音がボーっとひびいてきた。

三人は握手をかわして、笑った。どんな音楽もこれほど快く耳にひびいたこ

とはなかった。

「あの瞬間のことは言葉にはできない」と、のちにシャクルトンは書いている。「苦しさや痛さ、ボートの旅、徒歩の旅、空腹も疲労も、すべて忘却《ぼうきゃく》のかなたへと飛び去り、仕事を達成したことから得られる、完全な、深い満足感だけが残っていた」。

燃料がつきたので、携帯コンロは捨てた。しかし、安全な捕鯨基地に着くまでにまだ何キロもある。いつまでも喜んでいるわけにはいかなかった。

見下ろすと、氷におおわれた急斜面が下へと伸びていた。そこは東向きの斜面で、太陽に解かされた氷が、夜の寒気でまた固まることがくりかえされたため、固く凍りついて鏡のように光る壁になっていた。シャクルトンが氷をけずって足場をつくり、三人は一寸きざみに降りていった。斜面が少しなだらかになると、仰向けになり、斜面を背中でこするようにして、海までの三百メートルを降りきった。今度は岸ぞいに、ゴロゴロした岩の上を苦心して歩いていくと、ジェンツーペンギンとゾウアザラシがじろじろながめていた。
五、六キロにわたって、氷や雪に難儀《なんぎ》したり、深い砂をかき分けたり、岩を迂回したりして、海岸ぞいを歩いた。聞こえてくるのは、長靴が岩を踏む音と荒い息づかい、そしてときおりひびくゾウアザラシのグワッグワッという鳴き声だけだった。

やがて行く手を氷河にはばまれ、向きを変えて内陸部にもどり、疲れきった身体で山を登らなければならなかった。一時十五分には、ストロムネス湾を千メートルの頂から見下ろしていた。下には二隻《せき》の捕鯨船が虫のように小さく見えた。ワースリーは、気づいてもらえるはずもないのに大声を出し、手を振った。それからシャクルトンが先頭に立って降りていった。

まもなく狭い峡谷《きょうこく》を流れる雪解け水の小川を見つけ、小川にそって歩くことにした。ところが峡谷がだんだん狭くなり、ついに三人は雪解け水の流れの中を、ひざまで濡らしてバシャバシャと歩くしかなくなった。しばらく行くと、突然、峡谷がすっぱりとなくなった。水は空中に流れ出ている。慎重に、男たちは縁《ふち》に踏み出し、下をのぞきこんだ。

下は、十五メートルの高さの凍った滝だった。来た道を、流れに逆らって何キロももどるのがいやなら、この滝を降りる以外にない。

ロープを結びつけることができる手ごろな木や岩が見あたらなかった。しかたがない。ワースリーが上でロープを支えて、まずシャクルトンが、次にクリーンが飛び降りた。二人は船乗りのやり方で、つまり手の中でロープをすべらせ、着地する直前まで体重をかけずにロープを伝ってジャンプした。最後にワースリーが残された。ワースリーはロープをしっかり丸めると、岩の下にぐっと押しこんだ。下に着くまで体重をかけなければ、ロープは何とか持ちこたえてくれるかもしれない。

ワースリーが飛びおりた。ロープが彼の手の中でビュンビュンうねる。着地する瞬間にシャクルトンとクリーンが彼の身体を支えたが、彼の全体重がロープにかかる！

ロープは持ちこたえた。

三人ともびっくり仰天《ぎょうてん》して、滝のてっぺんを見上げた。奇妙なことに、ロープは落ちてこない。ロープを強く引いてみたが、びくともしなかった。凍りついたのだろうか？　彼らには、何がロープを支えているのか理解できなかった。三人は肩をすくめて向きを変え、ぶら下がったロープをそのまま残して立ち去った。ロープはもう必要なかった。

凍った沼地を横切って四、五キロ進むと、捕鯨基地から見える範囲に出た。まだ誰にも見られていない。

「ボス、ここには女性がいるかもしれませんよ」

ワースリーは心配そうに言った。

「それがどうした？」

「だって、われわれのこの格好、見てくださいよ」

彼らはまさに三人組の浮浪者だった。服はぼろぼろで、顔は煤《すす》と脂《あぶら》で真っ黒で、髪と髭《ひげ》はぼうぼうだった。何ヵ月も風呂に入っていなかったし、船を捨てたときからずっと同じ服で生活していた。建物の角を曲がった彼らは、ノルウェー人の少年二人を驚かせた。少年たちは、彼らをひと目見ると、一目散《いちもくさん》に逃げていった。あたりには、あのおなじみの、鼻が曲がりそうなほど臭《くさ》いクジラの解体工場のにおいがただよっていた。もっとも、くさったクジラに負けないほどひどいにおいが、彼ら自身からもただよっていたのだが。

少しよろめきながら、そして厳しい寒さに身をふるわせながら、シャクルトンとワースリーとクリーンは、工場支配人の家の階段を上がった。職工長が玄関に出てきた。

「ソレル支配人は？　ここにおいでですか？」

シャクルトンはしゃがれた声でたずねた。

「何の用です？」

男は三人を見て仰天して、英語で応じた。

「支配人にお会いしたいのです。知り合いです」

シャクルトンは答えた。

職工長は奥へ入っていき、数分後、ソレル支配人が出てきて彼らを見た。三人がソレル氏に最後に会ったのは一年半前、彼がエンデュアランス号と乗組員の前途を祝して乾杯してくれたときだった。

「ソレルさん、私がわかりますか？」

シャクルトンは、捕鯨のプロである大柄なノルウェー人にたずねた。

「いいや、いったいあんたは誰だ？」

ソレルはきつい調子で聞いた。

「シャクルトンです」

ソレルは、驚きのあまり口をあんぐりと開けて、三人の汚い漂流者を見つめた。それから顔をそむけて、涙を流して泣いた。


シャクルトンは知らなかったが、彼と合流するために送られた救援船、オーロラ号も、エンデュアランス号と同じような運命にあっていた。前の年から氷に閉じこめられ、難破してこそいないが、ひどく損傷していたのだった。つい七〜八週間前の一九一六年三月二十四日に、オーロラ号の無線機から発信された不吉なメッセージがオーストラリアで受信されていた。

「センタイ　ノ　ソンショウ　シンコク。3ガツ14ヒ　コオリカラ　ダッシュツ。キュウジョ　ヨウセイシタガ　ヘンジ　ナシ。ニュージーランド、ポート・チャルマース　ニ　ムカウ。カリカジ。イカリ　ナシ。ネンリョウ　フソク」

オーロラ号は満身創痍《まんしんそうい》で、よろよろと去っていたのだ。

ロンドンの新聞は、次のような大見出しをのせていた。

「シャクルトンは果たして無事か？　白い大陸の謎《なぞ》、深まる」

シャクルトン率いる探検隊は、大陸を横断し、目的地に着いたところで自分たちが見捨てられたと気づくのでは、と人々は心配していた。

今、シャクルトンとワースリーとクリーンが疲れ果て、ぼうぜんとしたようすで立っているのは、南極大陸の端ではなく、サウスジョージア島……誰もが予想だにしなかった場所だ。三人とも、自分たちがついにやりとげたということが、まだ信じられない気持ちだった。それでもソレルと同じように、わきあがってくる感動に圧倒されていた。

のちにシャクルトンは書いている。「われわれを前へ前へとつき動かしていたのは、どうしてもエレファント島にいる仲間を救いたいという焼けつくような思いだった。もしも自分たちのことだけを気にかけていたのだったら、結果は違っていただろう。雪の中を歩いていると、しかも空腹ならなおさらだが、ひどく疲れてしまい、眠ることさえできればもう何もいらない、という気になるものだ……。しかし、私は隊長であり、私を信頼して待っている仲間がいた。彼らを思うと、どれほど苦しくても前へ進まないわけにはいかなかった。この思いのおかげで、われわれはハリケーンの中を航海し、けわしい山々を這いずって登り、そして這いずって降りることができたのだ……。ついに捕鯨基地に着いたとき、どんな言葉でも表しようのない、気も狂わんばかりの喜びを感じたのは、仲間のことを思ったからだった。われわれは、自分たちが助かったというふうには感じなかった。ああ、これで仲間が助かった、と強く感じた」。

ソレルは、疲れきった三人の男たちに腕をまわしかけ、やさしく家の中に導きいれた。

シャクルトンとワースリーとクリーンは、熱い風呂と食事を用意してもらい、そのあと寝室に案内されるとベッドに倒れこんだ。朝まで眠ったが、牙《きば》をむく波や恐ろしい氷の悪夢にうなされて、たびたび叫び声をあげた。

クジラの工場で働くノルウェー人たちが、ソレルの家につめかけてきて、ソレルにシャクルトンから聞いた話をしてくれと何度も何度も繰り返し頼んだ。恐ろしい海での厳しい生活に慣れている男たちにとってさえ、シャクルトンと仲間たちが耐え抜いた試練は信じがたかった。

翌朝、ワースリーはサムソン号という捕鯨船に乗せてもらい、マッカーシー、マクニーシュ、ヴィンセントの三人を救出するためにキング・ハーコン湾に行った。

「船長が迎えに来てくれると思っていたのに」

マッカーシーは不平をこぼした。ワースリーが浜に飛びおりたのに、きれいに髭をそっていたために、船長だとはわからなかったのだ。

「だから、オレが来たんじゃないか」

ワースリーが笑いながら言った。三人は信じられないといった顔で、きれいになった船長を見つめた。

ジェイムズ・ケアード号も船に運ばれた。捕鯨員たちは、このボートを同じ重さの金にも匹敵《ひってき》する宝として、丁重《ていちょう》にあつかった。このボートがどんなに偉大なことをなしとげたのか、この荒海で働いている捕鯨員たちは、誰よりも深く理解していた。

一方、捕鯨基地では、シャクルトンがエレファント島に行くための船の手配に忙しかった。電報はすでに海をかけめぐっていた。

「サー・アーネスト・シャクルトン、生還！」が新聞の大見出しとなり、ロンドンでは、エンデュアランス号の乗組員たちの驚くべき苦難が、すでに夕食時の話題となっていた。

しかしボスは、あの荒涼《こうりょう》とした土地に残された隊員たちがどうしているか、迎えに行ったとき何を見ることになるか、不安でたまらなかった。

ワイルド・キャンプ

四月二十四日、エレファント島に残された二十二人の男たちは、ジェイムズ・ケアード号が氷の中に消えていくのを見つめていた。暗い陰鬱《いんうつ》な気分におそわれるのを、どうすることもできなかった。サウスジョージア島にボートがたどりつける可能性が限りなくゼロに近いことを、みんなよくわかっていた。しかし、冷たい雨の中で考えこんでいてもしかたがない。残留組の責任者となったワイルドは、隊員たちが無力感と絶望感にひたるのを許さなかった。無力感と絶望感にひたることは、黙って死を待つことに等しい。

まずやらなければならないのは、身を守る小屋をつくることだと新指揮官は判断した。テントは暴風にやられてズタズタだったから、全員が風雪の中で野ざらしにされていた。隊員たちのうち何人かは、まったく仕事ができなかった。リッキンソンは心臓の発作を起こしていたし、ブラックボロは歩けない。体力と精神力の限界を超《こ》えてしまい、立っていられない者もいた。

残りの隊員たちも衰弱《すいじゃく》し、凍傷《とうしょう》に苦しんでいたが、それでも何とか手に入る材料を使って、小屋を建て始めた。まず岩を集めて、一メートル二十センチの高さの壁をつくった。その上にドカー号とウイルズ号をひっくり返して乗せて、屋根にした。最後まで残った一枚の帆《ほ》を上からかぶせて縛《しば》りつけ、さらに岩を置いて固定した。体力さえあれば、このくらいの小屋なら一時間でできてしまう。だが実際には、まる一日かかった。

みんなが湿った寝袋を持って、できあがった小屋の中にもぐりこんだ。逆さにしたボートの座席が二階みたいになっていたので、そこに落ち着く者もいた。小屋の中は暗く、外よりほんの少し暖かいというだけで、岩の壁のすきまから、たえず風と雪が吹きこんでいた。

最初のうちは、小屋の中で料理が始まると、獣脂《じゅうし》コンロから油っこい煙がもうもうと立って、みんなは息もできなかった。それで、カーがビスケットの箱についていた金属の内張りをはずして、煙突《えんとつ》のようなものをつくった。煙を全部外に出せるわけではないが、ずっとましになった。それでもたまに、通気穴から風が逆流してきて、狭苦しい空間は獣脂の煙が立ちこめ、男たちは外に飛びだしてあえいだ。

そのうちに、人も物も小屋の中のものは何もかも、煤《すす》で厚くおおわれ、ギトギトするようになった。それでもコンロのおかげで中が暖まることを思うと、汚いことなどにかまってはいられなかった。

ウイルズ号とドカー号の船体を逆さにして建てた小屋。
ワイルドをはじめとする隊員たちは、この小屋で1916年の冬を生き抜いた。

何人かが工夫して、アザラシの脂《あぶら》のランプをつくったので、かろうじて本を読むことができるようになった。

外では天候が悪化していた。エレファント島の山頂から吹きおろす強風が雪をともない、小屋の上に雪が高く積もった。風のない日は、島は寒気と湿気と霧にすっぽり包まれ、沖の氷が浜に押し寄せる。

五月になると、ブリザードがいっそう激しくなった。崖から氷のかたまりが落ちてきて、小屋がつぶされるのではないかと、ワイルドは心配だった。

天気のいい日には、隊員たちはペンギンをつかまえるのに忙しかった。すぐそばの群生地には、ペンギンがたくさんいてうるさく鳴いていた。たまにアザラシがよたよたと岩の上にやってくると、あっというまにしとめられた。後ろの崖には氷河が垂《た》れていて、これが貯水場の役目をしていた。氷河から氷をけずりとって小屋の中に運び、コンロの上で解かして飲み水をつくることは、毎日欠かすことのできない仕事だった。

とはいえ、ほかには彼らにできることは何もなかった。シャクルトンがもどってくるのを、ひたすら待っているしかない。初めのうちは、救助船がいつ来られるか、あれこれ計算していた。小屋の外に出れば、誰もが必ず沖を確かめた。しかし、数週間がゆっくりと過ぎていき、エレファント島のまわりの海が氷に閉ざされてしまうと、これでもう春まで迎えは来ないと覚悟せざるをえなかった。

小屋の中での暮らしは単調に続いた。ワイルドは男たちに寛大だった。厳しすぎると、つらい生活がなおつらいものになると知っていたのだ。

ドクター・マクリンとドクター・マッキルロイは、虫歯を抜いたり、海水で炎症《えんしょう》を起こした皮膚の手当てをしたり、治療に忙しかった。差し迫っていたのが、ブラックボロの凍傷にかかった足の指だった。右足は何とか回復したが、左足の指は壊疽《えそ》*が始まっていた。マッキルロイは症状を見守り続け、くさった指とそれ以外の部分とのあいだに新しい組織が固まり、壊疽がこれ以上広がらないことがはっきりするのを待った。そしてついに、手術するときが来た。

フーシュ用の鍋《なべ》をこすってきれいに洗い、氷を入れて沸騰《ふっとう》させ、外科用器具を消毒した。アザラシの脂のランプを全部つけて小屋をできるだけ明るくし、荷詰め用の箱を並べてつくった手術台の上に患者を横たえた。マクリンはクロロホルムの瓶《びん》のふたをとり、クロロホルムでガーゼを濡らして、この若者の口をおおった。

「深く息をして」

マッキルロイが、煮沸《しゃふつ》した外科用メスを取り出して、足の指を切り取り始めた。指は一本ずつ、ブリキの缶《かん》の中にポトン、ポトンと落ちた。それから外科

壊疽《えそ》 身体の組織や細胞が、冷たさや熱、毒物、血行障害、打撲《だぼく》などによって局部的に死ぬこと。

医は傷を縫《ぬ》い合わせた。手術は一時間弱で終わった。

医療処置を除けば、小屋の生活には何事も起こらなかった。男たちは交代で、残されたわずかな本を読んだ。乾燥させた草を百科事典のページで巻いて、タバコをつくった。ランプの明かりで服をつくろった。そして、何とかやり過ごした日々を数えた。

六月二十二日には、今ひとたび冬至《とうじ》を祝った。もちろん去年の、エンデュアランス号の上でのパーティのような愉快なものではなかったが……。だんだんとぼしくなってきた食糧の蓄《たくわ》えから、あらゆるものをかき集めて、フーシュの鍋に放りこんで豪勢なディナーとした。ハッセーのバンジョーに合わせて、みんなが一曲ずつ歌った。カーはアンコールに応えて、なつかしい『闘牛士スットコドッコイが行く』をやったが、この晩いちばん拍手を受けたのはジェイムズだった。彼は、この場で聞かせるために作詞作曲した新作の歌を披露《ひろう》したのだ。

オレの名前はフランク・ワイルド、島いちばんのだて男
南の島には家がある、立派な御殿《ごてん》を持っている
壁にはレンガがついてない、屋根にはカワラがのってない

だけどあたりを見わたしたって、こんなに豪華な家はない
エレファント島でいちばん、リッチと言われる家なのさ。

男たちがいちばん楽しみにしていたのは、画家のマーストンが持っていたペーパーバックの料理の本を読んでもらうことだった。マーストンは隊員たちに、毎晩ひとつずつ、料理のつくり方を読んで聞かせた。朗読がすむと、その料理法について、自分の知っている別の料理法と比べたりして、ああでもないこうでもないと何時間も議論をした。みんなは記憶にあるさまざまな料理の味を思い出しては、なつかしんだ。

食べ物のことがいつも頭にこびりついて離れなかった。毎日、一人三個の角砂糖の配給があったが、ほとんどの者が一日一個ずつを「砂糖貯金箱」に入れていた。七日ごとに順番で、貯《た》まった砂糖を一度に全部食べるためだった。

食べ物は、仕事を免れるための交換条件ともなった。フーシュの鍋に入れる凍った肉を取りに、寒いところへ出ていくのは誰も好まなかった。ペンギンステーキを差しだせば、たいていはその仕事を免れることができた。食べ物を提供しさえすれば、仕事を代わってくれる者が必ず見つかった。

クラークは、ペンギン肉のフーシュという毎日の食事に飽《あ》き飽きして、何でもいいからほかに食べられるものはないかと岸を探し始めた。ときおり、カサ

ガイ（軟体動物の一種）やさまざまな種類の食べられる海草を見つけてきては、鍋に加えた。

ペンギンがよそに移住してしまい、ここからいなくなってしまうのでは、と心配する者もいた。男たちはこの島を「地獄島（Hell-ephan）」と呼ぶようになった。


ペンギンはいなくならなかった。ペンギンも男たちと同じく、エレファント島に監禁されているようだった。監禁状態が何週間という単位から何ヵ月という単位になってくると、払っても払っても絶望感がしのび寄ってきて、トゲが刺さったようにうずいた。それでも、いつも楽観的なワイルドは、毎朝寝袋を巻きながら男たちに言った。

「みんな、支度をするんだ。今日、ボスが到着するかもしれないぞ」

その「今日」はついに八月三十日にやってきた。ジェイムズ・ケアード号が出発してから四ヵ月が過ぎていた。

浜を歩いていたマーストンは、はるか沖に何かが見えた気がした。そんな気がしただけのことがこれまで何回もあったので、だまされるつもりはなかった。しかしあれは？　煙ではないか？　そうだ、間違いない、蒸気船が吐きだす煙だ。

「船だぞー！」

かすれた声で叫びながら、転げるようにして小屋へと走った。

マーストンの声を聞きつけた男たちは、次々に小屋から這《は》い出してきた。必死で目を見張っては、うそではないかと目をこすり、また目を見張った。それから大急ぎで、干した草とアザラシの脂を燃やして、合図ののろしを上げた。気が狂ったように船に向かって手を振り、大声をあげた。

それはチリの汽船、イエルコ号だった。船は止まり、一隻《せき》のボートがわきに降ろされた。

「うれしさのあまり、おいおい泣きだしそうだった」と、のちにワイルドは語っている。「数分のあいだ、凍りついたようになり、一言も言葉を発することができなかった」。

ボスの姿が見えた。横にはワースリーとクリーンがいた。

ボートが声の届く距離まで来たとたんに、シャクルトンは大きな声で呼びかけた。

「みんな、無事か？」

「無事です！」

誰かが叫び返した。

「そちらはみな無事ですか？」

助かった！

「見ればわかるだろ？　身体をすっかり洗ったんだぞ」

ボスは答えた。

浜にいる男たちは抱き合い、笑い合った。ボートが浜に乗り上げるなり、シャクルトンは大至急出発するよう命じた。

そのとき、隊員の一人がシャクルトンに言った。

「ボス、あなたならもどってきてくれると信じていました」

のちに語っているように、シャクルトンにとっては、この言葉こそが生涯に受けた最大の賛辞だった。帰国したシャクルトンは、さまざまな栄誉を受けた。立派な詩人やジャーナリストが、感動的な言葉で彼の功績を称《たた》えた。しかし、隊員のこの素朴なコメント以上に彼を喜ばせた言葉はない。シャクルトンの胸に、深々とした満足が広がった。


これまでの四ヵ月間、シャクルトンはエレファント島に救助船を向かわせようと、必死の努力を続けていたのだ。エレファント島に向かうたびに、冬の氷にはばまれた。毎回、隊員たちの生死もわからぬまま、南アメリカに引き返さなければならなかった。しかし、とうとうみんなを迎えに来ることができた。

そして、全員が生きのびていた。

シャクルトンは、南極探検の遠征を三回重ねたが、目的を達成するという意味では三回とも失敗した。しかしながら、シャクルトン隊が一九一五年から一九一六年を生きのびたことは、人類の成しとげたさまざまな偉業のなかでも、最も感動的なもののひとつだろう。

振り返ってみると、彼らの旅は進むにつれてますます厳しく、めざましいものとなっていった。

一九一五年一月にエンデュアランス号が氷に閉じこめられたときから、なす術《すべ》もなくウェッデル海を漂流し、十月に船が沈没し、隊員たちが何ヵ月もの長期にわたって氷の上で悲惨なキャンプをしたときまで、ボスは困難な状況下でよく隊を結束させてきた。

一九一六年四月の三隻のボートによるエレファント島への航海は、けたはずれの困難にもかかわらず、やりとげることができた。

ジェイムズ・ケアード号による冬の南極海の千三百キロの航海は、歴史に残るどんな劇的な航海と比べても劣るものではない。

そして、サウスジョージア島の山々を、地図もなしで越えたシャクルトンの旅は、折り紙つきのけわしい山脈の史上初の制覇《せいは》である。

さらに隊員たちが、エレファント島の小屋ともいえないような小屋で、南極の冬を生き抜いたことは、信じがたい出来事である。

しかし、すべては実際に起こったのだ。シャクルトンは全隊員を故郷に連れて帰った。

救出されたエンデュアランス号の隊員たち。
チリのプンタアレナスで撮影。制服を着ている人物は救助船の船長。
左から右へ、ハッセー、ハーレー、カー、ジェイムズ、ワーディ、クリーン、
ワースリー、ワイルド、シャクルトン、パルド船長、オーデリー、マーストン、
ハウ、ホルネス、スティーヴンソン、ベークウェル、グリーン、マクロード、チーザム。

エピローグ

氷と戦った男たちがイギリスに帰ってきたとき、第一次世界大戦の激戦はまだ続いていた。男たちは、ほぼ一人残らず軍隊に加わって戦った。南極から奇跡の生還を果たしたというのに、不幸にも何人かは戦争で命を落とした。そのうちの二人は、マッカーシーとチーザム。全隊員のなかでも特に陽気で、みなから好かれていた二人だった。

寒冷地での経験を買われ、シャクルトンは北ロシア部隊の指揮を任された。ワースリー、ハッセー、マクリンが同行した。

戦争が終わって、生活が平常にもどると、シャクルトンは世界じゅうを講演してまわった。大都市で、また奥地の村で、エンデュアランス号の運命の航海について人々に語った。歴史に残る偉業、奇跡の生還を成しとげたシャクルトンは、どこの大陸でも絶賛された。

しかし、以前からそうだったが、南の大陸がシャクルトンを引きつけてやまなかった。彼は、文明社会ではどこか落ち着かなかった。そして再び、凍りついた大陸へと呼び寄せられた。

一九二一年、隊員を集め、今度はクエスト号に乗船して南極へともどったのだ。今回の航海の目標は、大陸を一周し、まだ知られていない島を調査し、地図にのせることだった。同行したのは、フランク・ワイルド、フランク・ワースリー、アレキサンダー・マクリン、ジェイムズ・マッキルロイ、レナード・ハッセー、チャールズ・グリーン、トマス・マクロード、A・J・カーだった。

彼らは南に向かって進んだ。クエスト号が波を越えて進むにつれ、シャクルトンの長年の探検は、彼の健康をむしばんでいた。しかし、シャクルトンの長年の探検は、彼の健康をむしばんでいた。


二人の医師、マクリンとマッキルロイは何とかペースをゆるめさせようとしたが、彼は断固として自分の意志を通した。リオデジャネイロで停泊中に心臓発作を起こしたが、それでも帰国しようとはしなかった。船は南へと前進を続け、ついにサウスジョージア島に到着した。

一九二二年一月五日、クエスト号はグリトヴィケン港に入港し、錨《いかり》を降ろした。かつてと同じように、クジラの死骸《しがい》のくさるにおいがただよい、浜ではゾウアザラシのうめくような鳴き声がひびいていた。深夜とはいえ、夏の太陽がまだ空をぼんやり照らしていた。ドクター・マクリンは突然、シャクルトンの船室に呼ばれた。シャクルトンが再び心臓発作を起こしたのだ。

「ボス、生き方を変えなくてはいけません」

マクリンは言った。

「きみはいつも私に何かをあきらめさせたがる。今度はいったい何をあきらめればいいんだ？」

シャクルトンがあきらめなければならないもの、それは南極だった。そしてそれはただひとつ、彼があきらめることのできないものだった。

マクリンが来て数分後に、シャクルトンは息を引きとった。

シャクルトンはそこ、サウスジョージア島に埋葬されている。

手を招く長く白い道に、困難な坂道に、
勇気を奮い立たせる危険に幸《さいわい》あれ。
苦も楽も平然と受け止め、
決してくじけることのない、
陽気な心に幸あれ。
——シャクルトンがいちばん好きだった歌、ニュージーランドのスクール・ソングより

訳者あと書き

シャクルトン・ブーム

今世紀初めの南極探検家、アーネスト・シャクルトン……。この本を手にするまで、名前すら聞いたことがなかったという人が多いだろう。ところが、数年前から、アメリカでもイギリスでも、ちょっとしたシャクルトン・ブームが起こっている。分厚い伝記から子ども向けの絵本まで、次々に新しい本が出版され、ニューヨークの書店にはシャクルトンのコーナーができているほどだ。

南極探検家のなかでも、南極点を初制覇《せいは》したアムンセンやスコットに比べると、シャクルトンの業績はそう華々《はなばな》しいものとはいえない。そのため、長いこと、人々の記憶から忘れられた存在になっていた。それが、なぜ今になって話題になるのだろうか。だいいち、今は宇宙探検の時代ではないか……。

そんな疑問は、この本を読んでいただければ即座に解けると思う。シャクルトンの探検行は冒険小説顔負けのおもしろさという理由もあるが、それだけでなく、シャクルトンは、今の時代だからこそ訴える独特の魅力を持っている。

シャクルトンは、南極大陸横断を目標にかかげながら、南極大陸にたどりつくことさえできなかった。目的を達するという意味では、そのはるか手前で失敗したことになる。ところが、その失敗から、人類の成しとげた偉業のなかでもとりわけ心を打つ奇跡が生まれた。エンデュアランス号の乗組員二十八名が船を失い、氷の世界を一年近くさまよったあとに、一人も欠けることなく生還した事実は、人間にこれほどの力があったのかと、心の奥にずっしりとした感動を呼ぶ。そして、その感動のなかから、私たちは、「生きのびろ！」というメッセージを受け取るのではないだろうか。

　私たちは複雑怪奇な時代に生きており、前途が希望にあふれているとは言いがたい。閉塞《へいそく》感のある日常のなかでは、「生きのびろ」というメッセージは格別の重みを持っている。さらに、エンデュアランス号の奇跡は、棚から落ちてきた奇跡ではない。シャクルトンとその一行は心をひとつにして、奇跡を自分たちの力でもぎとったように思える。どうやって？　船の名前が暗示のように告げているが、「エンデュアランス（不屈の忍耐）」によってである。「不屈」も「忍耐」も、私たちが流行おくれの服のように捨て去って、顧《かえり》みることをしなくなった言葉ではないだろうか。しかし、ひどい目にあってもどこか明るいシャクルトン隊は、これらの言葉の暗く、みじめなニュアンスを払拭《ふっしょく》して、新しい意味を示唆《しさ》してくれはしないだろうか。

『そして、奇跡は起こった』について

いくつかあるエンデュアランス号のドキュメントのなかでも、本書は、アメリカでとくに高い評価を受けた。ヤングアダルト向けのすぐれたノンフィクションに与えられるオルビス・ピ

クトゥス賞を受賞し、ボストン・グローブ賞ノンフィクション部門のオナーブック、アメリカ図書館協会優良図書、さらにパブリッシャーズ・ウィークリーのベスト・ノンフィクションにも選ばれている。幅広い読者に読んでもらえるよう、膨大《ぼうだい》な事実をコンパクトにまとめながら、かんどころを押さえて人間ドラマを再現した作者の手腕は、なるほど高い評価を受けるだけのものがある。

手に汗にぎる場面の連続だが、南極自体と、リーダーシップとは何かという解説書にもなっているところが心憎い。この本でノンフィクションを書くおもしろさに目覚めたという作者、ジェニファー・アームストロングの今後に期待したいと思う。

シャクルトンの活躍した時代

さて、もう少しくわしく知りたいという読者のために、本文には登場しないバックグラウンドとエピソードをいくつか紹介しよう。

シャクルトンの活躍した二十世紀初頭には、欧米諸国は競《きそ》うようにして、南極に探検隊を送り出した。ほかの新大陸がヨーロッパの手で発見され、植民地にされたあとでは、南極大陸だけが残された未踏《みとう》の大陸であり、領土の期待や科学的発見、そして未知への挑戦が、人々の心をとらえていた。

この時代の南極探検は「英雄時代」と呼ばれる。体力、精神力、人望——そのすべてを備えた隊長が、超人的な力を発揮して活躍した時代で、その代表がアムンセンであり、スコットであり、シャクルトンだった。やがて、テクノロジーの発達により、探検の装備も飛躍的に進歩したために、必ずしも英雄の活躍に頼る必要はなくなった。時代が進歩したあかしには違いないが、人物のおもしろさという点では、何といってもシャクルトンの時代のほうがおもしろい。シャクルトン本人はもちろん、彼の呼びかけに応えて命知らずの冒険に挑《いど》んだ男たちは、どの一人をとっても、一筋縄《ひとすじなわ》ではいかない、型破りの魅力にあふれた男たちだ。

副隊長ワイルドと船長ワースリー

なかでも、シャクルトンの右腕、副隊長フランク・ワイルドと、船長フランク・ワースリーは、シャクルトンを補佐して、めざましい働きをした。

副隊長ワイルドは、シャクルトンとは性格が対照的だったようだ。シャクルトンは熱情的でロマンチスト、悪く言えば気まぐれで、癇癪《かんしゃく》持ちだった。一方、ワイルドは理性的でいつも冷静、事務的な態度をとることが多かった。エレファント島に命からがら漂着したおりも、まるで「公園で散歩するために車から出てきたような、どうということもない」ようすでシャクルトンのかたわらにやってきた姿が印象的だ。この性格の違いがたがいに足りないものを補い合って、二人は絶妙のコンビだった。

ワイルドが初めてシャクルトンと同行したのは、一九〇八年、シャクルトンが南進の記録を立てた探検でのことだ。シャクルトン隊長、ワイルドはじめ合計四人のチームは、南極点からおよそ百六十キロの地点で悪天候におそわれ、食糧がつきた。南進をあきらめて帰途についたが、極寒《ごっかん》のなかでの飢餓《きが》道中が続く。二日間、何も喰《く》わずに行進しているあいだに、ワイルドは衰弱《すいじゃく》して倒れかかった。翌日の朝食に、大切にとっておかれたビスケットが、一人に一個ずつ配られた。ワイルドがそれを食べ、苦しみをこらえて出かけようとしたとき、ポケットにもう一個ビスケットが入っていることに気づく。

「それは、シャクルトンが自分に割り当てられた分を、黙ってワイルドのポケットに突っこんでおいたのだとわかった。返そうとしても、シャクルトンは、自分よりワイルドのほうがそれを必要としているのだ、と言ってきかなかった。ワイルドは日記に、『このことが、一体どれほどの広い心と同情を意味するか、本当にわかる人が世界じゅうにほかにたった一人でもいるとは、私には思えない。わかっているのは、私だけだ。そして、神かけて、私は決してこのことを忘れない』と書きつけている」（ウォルター・サリヴァン著『白い大陸』より）。

餓死《がし》しかかりながら食糧を部下にゆずったシャクルトンの行為を、ワイルドは日記に書いたとおり、一生忘れなかった。ワイルドのシャクルトンに対する尊敬と信頼は絶対のものであり、二人は生涯変わることなく、深い友情で結ばれていた。

シャクルトンの最後の航海となったクエスト号の探検でも、ワイルドは自分の指定席である副隊長の座についた。サウスジョージア島でシャクルトンが息をひきとったのち、クエスト号を代わって指揮したのは、もちろん、副隊長ワイルドである。

ところが、二人の友情はあまりにも深すぎたようだ。シャクルトンが死んで、ワイルドの心にできた空虚《くうきょ》はあまりにも大きく、ワイルドは探検する目的を失ってしまったらしい。ワイルドは何とかクエスト号を率いたが、それまでの彼が決してしなかったこと、船の上で深酒をあおるようになっていた。クエスト号は大きな成果をあげることなく帰国。ワイルドはほとんどアル中のようになり、後年、南アフリカで悲惨な状況で死亡した。それだけワイルドは、シャクルトンとコンビを組んだ探検で、激しく燃焼しつくしたということだろう。

　ワースリー船長とシャクルトンのコンビも、なかなか味のあるものだった。この二人は、どちらかというと性格が似ていた。二人ともエネルギーにあふれた楽天家で、冒険好きなロマンチスト。しかし、シャクルトンにあって、ワースリーに決定的に欠けていたのは、リーダーシップだった。このあたりは、ランシングの書いた『エンデュアランス号漂流』に的確に描写されている。

「だが、シャクルトンが生まれながらのリーダータイプだったのに比べて、ワースリーにはそういうところはまるでなかった。生来の楽天家で、いつもわくわくすることや思いもよらぬ楽しい事件を待ち望んでいた。乗組員たちを指導、監督しなければと思ってはいるものの、いたましいほどにその才能がなかった。エンデュアランス号がブエノスアイレスに着いたときには、ワースリーの統率力《とうそつりょく》のなさがたたって、乗組員の士気は嘆《なげ》かわしいまでに低下していた」

　ブエノスアイレスで乗組員の入れ替えがあったのは、裏にはこういう事情があったのだ。ワースリーは乗組員に愛されてはいたが、気まぐれな性格のせいで、船長として尊敬を集めるというわけにはいかなかった。彼が本当に尊敬されるようになったのは、エレファント島を目指しての困難な航海を成功に導いてからのことだ。そして、さらなる奇跡、ジェイムズ・ケアード号でのサウスジョージア島への航海が成功したことは、まったくワースリーの神業《かみわざ》のような航海術のおかげだった。

考えてみれば、ひとつのグループに二人のリーダーはいらない。リーダーシップならシャクルトンがあまるほど持っている。つまり、シャクルトンは、最高の人選をしたということになる。シャクルトンは、ほとんどワースリーの顔を見ただけで船長に決めたというほど、カンに頼った人選だったのだから、恐れ入るというほかはない。

リーダーの条件

ワースリーを船長に選んだときもそうだが、シャクルトンの人選は早業《はやわざ》で、過去の業績など気にせずに、いっしょにいたいと思う人物を、第一印象でさっさと決めていったようだ。それで大きなまちがいはなかったのだから、シャクルトンの人を見る目は確かだった。リーダーの条件のひとつは、人材を見極める目を持つことと言えるだろう。

決断力、行動力、隊員から尊敬されること――リーダーの条件と考えられるこれらの素質のほかに、もうひとつの条件を加えると、「楽観的なこと」があがりそうだ。

「すぐれた探検家の条件は？」と聞かれて、シャクルトンは「楽天家であること」と答えているが、それはリーダーの条件でもあるのだろう。シャクルトンの楽天的な性格のおかげで、探検隊は明るかった。男ばかりが孤独《こどく》な地の果てで、毎日氷と雪ばかりを見ていたというのに、少なくともオーシャン・キャンプまでは、「冒険がおもしくてたまらない」という愉快な雰囲気にあふれていたようだ。もちろん、シャクルトンは明るいだけの人物であるはずはなく、複雑な内面を持ち、隊員たちをまとめるに当たってもずいぶん繊細に気をつかっていた。それでも、生来の楽天性が、隊員たちを最後まで引っぱっていくための希望を生む原動力だったことはまちがいない。

本文を読むと、シャクルトンばかりでなく、ほぼ全員が、どんなに厳しい状況にあっても、必ずジョークを言って笑おうとしていたことがわかる。死にかけているのに笑おうとするところは、壮絶なものがある。しかし、この笑いとばそうとする精神が、彼らをしなやかにし、つまり強靭《きょうじん》にしてくれたにちがいない。

気象学者のレオナルド・ハッセーが日記のなかで次のように書いている。

「シャクルトンにももちろん欠点はあった。本人もそのことをよく知っていたから、ほかの誰に対しても完全な人間であることを求めたりしなかった。シャクルトンは、人の欠点は気にかけず、いいところを見つけるのが非常にうまかった。おかげで、彼のそばにいると、自分の力が大きくなるような気がした。そのおかげで、シャクルトンが行くのなら、どこまでもついていこうという気にさせられてしまうのだ。シャクルトンが亡くなった今、われわれの心にできた隙間《すきま》は大きく、永遠に埋められることはないだろう」(Huntford 著『Shackleton』より、灰島かり訳)。

つまり、シャクルトンは隊員たち一人一人を尊重し、愛したと言えないだろうか。探検隊員のバックグラウンドは幅が広く、ケンブリッジ大学の名士もいれば、ヨークシャー出身の漁師もいた。それほどバラエティのある人材をまとめきり、一人の落伍者《らくご》も出さずに全員で生還したところに、シャクルトンのリーダーシップの真髄《しんずい》がある。

四人めの誰か

奇跡的にサウスジョージア島にたどりついた一行は、未踏の南のアルプスを、ほとんど何の装備もなしで踏破《とうは》するしかなかった。体力と精神力ぎりぎりの旅のなかで、彼らは神秘的な体験をした。三人が三人とも、そこに四人めの誰かがいると感じていたのだ。本文中にあるように、それに宗教的な意味を感じた読者もいるだろうし、幻覚だと感じた人もいるだろう。

ハントフォードによれば、T・S・エリオットは、シャクルトンのこの体験に刺激を受け、高名な詩集『荒地』のなかの一節を書いたとのこと。エリオットは二十世紀を代表する詩人の一人で、ノーベル文学賞受賞者だが、その代表作『荒地』のなかに、次のような一節がある。

君達の傍にもうひとりの人がいつも歩いているがそれは誰だ?
僕が数えると君達と僕だけだ
あの白い路の先方を見ると
君達と一緒に歩いている人がいつももう一人いるのだ
鳶《とび》色のマントに身をつつみ
頭巾《ずきん》をかぶって音もなく歩いている

男か女かわからないが——

君達と一緒にいるあの人は誰だ？

（T・S・エリオット作『荒地』より、西脇順三郎訳）


この部分に、エリオット自身が次のような注をつけている。

「ある南極探検の記事から暗示を受けた（誰の記事だったか忘れたが、たぶんシャクルトンだったと思う）。探検隊の一行が力の極限に達したとき、実際にそこにいる人数より、もう一人多くいるという幻覚におそわれ続けたと語られていた」（『The Waste Land : notes』より、灰島かり訳）。

シャクルトンは、世界初の南極点制覇を成しとげた人物として人々の記憶に残ることを切望していたが、それはかなわなかった。しかし、二十世紀を代表する詩のなかに、こうして永遠に姿をとどめている。これも、探検にポエジーを求めたシャクルトンらしいと、ハントフォードは書いている。

居場所を求めて

それにしても、シャクルトンはなぜ、生涯にわたって、氷の大陸にひかれ続けたのだろうか。私には、彼の生まれが影響しているような気がしてならない。

シャクルトンは、一八七四年二月十五日に、アイルランドのキルデア地方のアングロ・アイリッシュ（アイルランド生まれのイギリス人）の家庭に生まれた。アイルランドはイギリスの最も古い植民地だったから、多くのイギリス人がアイルランドに渡り、アイルランドの支配層を形成していた。アングロ・アイリッシュは支配層ではあるのだが、しかし一面ではアイルランドに同化しており、本国生まれのイギリス人の統治下に置かれるという、多分に矛盾《むじゅん》を含んだ存在だった。シャクルトンの父親は、アイルランドの自治を信条とするようになり、アーネストが十歳のときに、土地を手放してイギリスに戻ったのだ。

ところが、イギリスに〝帰った〟はずの一家は、本国では自分たちはアイルランド人と見なされることを知る。アイルランドでもイギリスでも、異邦人《いほうじん》である存在。そんな体験が、アーネストを夢想癖《むそうへき》のある孤独な少年にした。

カレッジを十六歳で卒業すると、父に医学部進学をすすめられたが、拒否。海に出たいと望んだが、一流の海軍士官学校は授業料が高すぎて、入学させてもらえなかった。そこで、実地に訓練を受けるべく、商船に乗りこんだのだ。

結局、シャクルトンは生涯、文明のもとにいるときは、どこかそぐわないという感覚をいだき続けていたようだ。

南極行きには、自分の力を試したいという気持ち、名誉欲や好奇心もあったろうが、その根本に「居場所がない」という意識がありはしなかったか。シャクルトンは強靱な精神と肉体に恵まれた英雄だが、「自分の居場所を探して」いた人間であったことを思うと、にわかに等身大《とうしんだい》に感じられる。

子どもから大人まで

この本は、「生きのびたい」人への応援歌だと思う。きつい時間を生きている子どもと大人の両方に、「不屈の忍耐による奇跡」の事実を届けたい。読者を子どもから大人までと考え、新しいノンジャンルの本を目指したため、少々体裁《ていさい》の変わった本作りになった。親から子どもへと、そして子どもから親へと手渡されることがあったら、これほどうれしいことはない。

訳するにあたって、日本の読者にわかりやすいように情報を足した部分があることをお断りしておく。

聞き慣れない極地や船の用語を調べるために、たくさんの人の助力を得た。とくに、エディターの吉村弘幸氏、田村伴子さん、佐藤順子さん、千代美樹さん、佐々木雅子さんにはひとかたならぬご助力をいただいた。

それにしても、これほどひかれる本を訳すことができたのは、訳者にとって本当に幸福なことだった。チャンスを与えてくれ、力強く支えてくれた評論社の竹下純子さんに、心から感謝申し上げます。

灰島かり

二〇〇〇年八月十五日

●機械化時代

1920年	このころから、南極海での近代的な捕鯨がさかんになる。
1927年	1937年にかけて、ノルウェーのL・クリステンセンが8度にわたって探検航海を行い、4人の女性が初めての南極大陸上陸を果たす。
1929年	アメリカの飛行家E・バードが、第一リトルアメリカ基地を建設し、航空機による南極点への初飛行に成功。
1934年	日本が南極海での捕鯨に初めて参加。
1934年	1937年にかけて、イギリスのグラハムランド遠征隊が飛行機とそりを使って調査を行い、南極半島が大陸の一部と判明。
1947年	アメリカ人のファイン・ロンネ隊で、女性2人が初めて越冬。
1949年	1952年にかけて、ノルウェー、イギリス、スウェーデンの世界初の国際協力による3国共同隊が、雪上車により大陸内部の調査を行い、大陸氷床の氷原を人工地震法で初めて測定。

●国際協力の時代

1957年	日本は、永田武隊長以下53名の南極観測隊を組織し、観測船「宗谷」で出港。南極のオングル島に昭和基地を開設。
1957年	7月1日から始まった国際地球観測年（～1958年）の観測に12ヵ国が参加。オーロラ、宇宙線、地磁気といった地球物理学関係の調査のほか、地学・氷厚調査などを共同で行う。
1958年	ヴィヴィアン・E・フックス隊長率いるイギリス連邦南極大陸横断隊が、ウェッデル海から南極点を経てロス海まで、陸路による初めての大陸横断を達成。シャクルトンの挑戦から44年めのこと。
1959年	「平和目的のみ」に南極大陸を開発・利用する南極条約が、アメリカ、アルゼンチン、イギリス、オーストラリア、ソ連(現在のロシア)、チリ、日本、ニュージランド、ノルウェー、フランス、ベルギー、南アフリカの12ヵ国間で締結。
1968年	1969年にかけて、日本の第9次南極観測隊が、昭和基地から南極点までの5182キロの往復調査旅行を実施。
1970年	日本は、昭和基地の南東270キロの地点に、2つめの基地としてみずほ基地を設置。
1984年	越冬基地が、13ヵ国47基地に達する。アルゼンチン9、ソ連（現在のロシア）7、イギリス6、アメリカ4、オーストラリア4、フランス4、チリ3、南アフリカ3、日本2、ニュージーランド2、西ドイツ(現在のドイツ）1、インド1、ポーランド1。
1987年	南極条約に、12の締結国以外にも、8ヵ国が加盟国と同等の資格で、また科学調査をしていない16ヵ国もオブザーバーの資格で参加。国際的取り決めのもとで南極観測を行うこととなる。

南極探検・観測史年表

●地理上の発見の時代

1502年	ポルトガル人のアメリゴ・ベスプッチ、サウスジョージア島を望見。
1578年	イギリス人の海賊でのちに海軍軍人になったフランシス・ドレーク、ホーン岬の南に幅970キロの海峡（ドレーク海峡）を発見。
1756年	スペイン隊がサウスジョージア島を周航。
1773年	1月、イギリス人ジェームズ・クック、航海中に南緯71度10分、西経106度54分に到達し、初めて南極圏を突破。このころから、イギリス、アメリカ、オーストラリアの捕鯨業者が南極海に興味を持ち始める。
1820年	1月、イギリス人エドワード・ブランスフィールドが南極半島を望見。 1月、ファビアン・G・V・ベリングスハウゼンの指揮するロシアの海軍船が、初めて南極大陸を周航。
1821年	2月7日、アメリカ人ジョン・デービスが、南極大陸のヒューズ湾近くに初めて上陸。
1841年	1月、イギリス海軍が派遣したジェームズ・ロスが、のちに南極の門戸となったロス海に進入。ロス島、エレバス火山などを発見。

●南極点を求めて

1899年	カースターン・E・ボーチグレビンク率いるイギリスの調査隊が、南極大陸で初めて越冬。
1901年	イギリス海軍中佐ロバート・F・スコットが指揮するイギリスの遠征隊が、マクマード基地を建設。
1902年	ロバート・F・スコット指揮下のイギリス遠征隊がロス島で越冬し、南緯77度59分まで南下。
1908年	イギリス人のアーネスト・シャクルトンがロス島で越冬。満州馬を使ってそりで探検を行い、当時の最南点である南緯88度23分に到達。エレバス火山に初登頂。
1910年	11月28日白瀬矗《のぶ》の率いる日本初の極地遠征隊が出発。1911年に南極圏を通過。1912年にロス棚氷に接近し、上陸。南緯80度5分、西経156度37分に到達し、1912年6月に帰国。
1911年	12月14日、ノルウェーの探検家ローアル・アムンセンが初めて南極点に到達。
1912年	1月17日、アムンセンに遅れること34日、イギリスのスコット隊が南極点に到達。帰途、隊員5人の全員が死亡。
1914年	南極大陸横断を目指したシャクルトンのイギリス隊が、氷に阻まれて漂流、遭難。1916年8月に奇跡的に全員救助。

●シャクルトンについて、また南極について、もっと知りたいという人のために、日本語で出版されている本をあげておきます。

（灰島かり）

『エンデュアランス号漂流』アルフレッド・ランシング著、山本光伸訳、新潮社

『南へ――エンデュアランス号漂流――』アーネスト・シャクルトン著、奥田祐士／森平慶司訳、ソニー・マガジンズ

『世界最悪の旅』A・チェリー＝ガラード著、戸井十月訳、小学館

『南極の自然史』サンフォード・A・モス著、青柳昌宏訳、どうぶつ社

『南極科学館――南極を見る・知る・驚く』国立極地研究所編、古今書院

『南極の四季』神沼克伊著、新潮選書

『南極情報101』神沼克伊著、岩波ジュニア新書

ジェニファー・アームストロング *Jennifer Armstrong*

若い人向けの歴史小説を中心に、絵本からノンフィクションまで、幅広い分野で活躍中の新進作家。本書が初の邦訳だが、すでに五十冊以上の本を出版している。代表作は、*Black-Eyed Susan, The Dreams of Mehan* など。今回初めてノンフィクションに挑戦し、高い評価を得た。最新作 *In My Hands* もノンフィクションで、ホロコーストを扱ったもの。スミス・カレッジ卒。大の犬好きで、ニューヨーク郊外のサラトガに、夫と三匹の犬とともに住む。

灰島かり（はいじま・かり）

国際基督教大学卒。資生堂『花椿』編集部、コピーライターを経て、英国のローハンプトン大学院で児童文学を学ぶ。子どもの本を中心に英文学の翻訳、研究に携わる。著書に『こんにちは』（講談社）、訳書に『猫語の教科書』（ポール・ギャリコ著、筑摩書房）、『それぞれのかいだん』（アン・ファイン著、評論社）など。二〇一六年没。

そして、奇跡は起こった！

――エンデュアランス号漂流記 シャクルトン隊、全員生還――

二〇〇〇年九月二五日　初版発行
二〇一九年一二月二〇日　六刷発行

●――著　者　ジェニファー・アームストロング
●――訳　者　灰島かり
●――発行者　竹下晴信
●――発行所　株式会社評論社
〒162-0815 東京都新宿区筑土八幡町二-二一
電話　営業〇三-三二六〇-九四〇九
編集〇三-三二六〇-九四〇三
振替　〇〇一八〇-一-七二九四
●――印刷所　凸版印刷株式会社
●――製本所　東京美術紙工協業組合

NDC936 ISBN978-4-566-05267-3